TWEE MONOLOGEN

David Van Reybrouck

Twee monologen

die Siel van die Mier
Missie

2011
DE BEZIGE BIJ
AMSTERDAM

Première *die Siel van die Mier* 2004; Première *Missie* 2007
Vormgeving omslag Studio Jan de Boer
Omslagbeeld HillCreek Pictures/Corbis
Foto auteur Keke Keukelaar
Vormgeving binnenwerk Adriaan de Jonge
Druk Clausen & Bosse, Leck
ISBN 978 90 234 6429 7
NUR 307

www.debezigebij.nl

Inhoud

Ten geleide

De eerste maal dat ik Josse De Pauw ontmoette – het was op een zaterdagavond in 2003 in het Brusselse café Le Coq – vroeg hij mij of ik geen theaterstuk voor hem wilde schrijven. Ik vroeg me af of hij dat wel vaker deed, bij een kennismaking meteen schrijfopdrachten uitdelen. Josse stond tegelijk bekend als een monument uit het Vlaamse theaterleven en uit het Brusselse nachtleven. Zijn bizarre gewoonte om in het café steevast espresso's met calvados te drinken had ervoor gezorgd dat diverse Brusselse etablissementen die combinatie inmiddels omschreven als 'un joske'. ('*Et pour la seize*,' hoor je zo'n matrone dan roepen naar de bar, '*trois jupes et un joske!*' Drie jurkjes en een *joske*? denkt de achteloze buitenstaander. Maar als de serveerster even later met een dienstblad passeert, staan er drie Jupilers, een koffie en een calvados op.) In elk geval worden er na zo'n joske of zes à zeven wel eens wilde plannen gesmeed. En tegen dat eenieder zijn bedstee opzoekt, moet alleen de flyer nog naar de drukker.

Niettemin, driekwart jaar later ging *die Siel van die Mier* in première. Josse speelde een oude professor entomologie, Jan Kuijken en George Alexander van Dam musiceerden op cello, viool en hightech, en ik zat in de zaal met een verwarrende cocktail van trots en stress. Het repetitieproces van de voorafgaande maanden was de meest indringende artistieke ervaring geweest die ik tot dan toe had gekend. Theater had mij altijd al geboeid, maar nu leerde ik hoe organisch een productie kon groeien. Het stuk zou aanvankelijk in Zuid-Afrika gesitueerd zijn en verwijzen naar Eugène Marais en het vermeende plagiaat van Maeterlinck, waarover ik in *De plaag* had verteld, maar een eerste reis naar Congo in december 2003 besliste daar anders over: de titel bleef Afrikaans, de context werd Congolees. Terwijl ik flarden tekst schreef, componeerden Jan en George fragmenten muziek en ging Josse aan het puzzelen. 'Theater is als jazz,' zei hij, 'hoe vrijer de kompanen, hoe straffer het geheel.'

Kort erna leerde ik Jan Goossens kennen, artistiek leider van de Koninklijke Vlaamse Schouwburg in Brussel. Toen we iets gingen eten bij de Italiaan, vroeg hij of ik nog theaterplannen had. Die had ik niet, maar van die keer in Le Coq had ik geleerd dat dat niet gaf. 'Iets met missionarissen,' hoorde ik mezelf zeggen. Ik weet niet waarom, maar ik proefde meteen mogelijkheden. 'Met Bruno Vanden Broecke.' Bruno was toen nog een nobele onbekende, ik had hem nooit ontmoet, maar ik had hem zien spelen in *Leven en werken van Leopold II* en was erg onder de indruk. Hij verblufte toen al met die zeldzame combinatie van kwetsbaarheid en colère. In december 2007 ging *Missie* in première en net zoals *die Siel van die Mier* wordt het stuk vandaag nog steeds gespeeld. Bruno speelt het inmiddels in het Nederlands, het Frans, het Duits en sinds 2011 ook in het Italiaans, een taal die hij voorheen niet sprak.

Ik heb, kortom, mogen samenwerken met uitzonderlijke artiesten.

Het genre van de monoloog is mij zo dierbaar omdat het als geen ander de polyfonie van een individu kan laten horen. Elke waarachtige mens is een Corsicaans bergdorp met ruzie, elke mens heeft zijn eigen interne vendetta, elk lichaam gaat gebukt onder een langdurige bloedwraak van verlangens en idealen. In zijn ogenschijnlijke eenvoud is de monoloog daarom een verbijsterend rijk genre.

Als de dialoog vaak niet meer is dan twee monologen die elkaar ongeduldig afwisselen, laat dan deze twee monologen ook een soort dialoog vormen. Het is goed dat de hoofdpersonages van *die Siel van die Mier* en *Missie* hier voor het eerst samenkomen. In al hun eenzaamheid horen ze ergens wel bij elkaar, de wetenschapper en de geestelijke. Beiden zijn oudere, blanke mannen die cruciale jaren van hun leven in Congo hebben doorgebracht.

Etienne trok als jonge onderzoeker naar Congo om daar in de vroege jaren zestig, kort na de onafhankelijkheid, veldonderzoek naar termietenpopulaties te verrichten. Enkele jaren later stond hij, vele illusies armer en enkele trauma's rijker, weer in België, waar hij hoogleraar werd in Leuven. In *die Siel van die Mier* geeft hij zijn allerlaatste hoorcollege, een moment waarop de orde van de wetenschap alsnog overspoeld raakt door de chaos van een mensenleven en het tumult van oud zeer.

Pater Grégoire toog eind jaren vijftig naar Belgisch-Congo en is bij het begin van het derde millennium nog steeds op zijn post als missiepater in het verwoeste Oost-Congo. Hij heeft de onafhankelijkheid, de dictatuur, de genocide en de burgeroorlogen meegemaakt, terwijl in zijn vaderland de ontkerstening toenam, samen met het materialisme en het individualisme. Zijn thuis is nergens meer, maar zijn opdracht is zijn laatste onderdak.

Deze monologen horen voor mij samen, maar dan niet omdat ze licht zouden werpen op 'de blanke ervaring van laat- en postkoloniaal Centraal-Afrika'. Eigenlijk zijn ze min of meer toevallig in Congo gesitueerd, die twee theaterteksten. Net zomin als *die Siel* in wezen over insecten gaat, gaat *Missie* over de katholieke evangelisatie. Enkele critici vonden dat laatste stuk evenwel problematisch, omdat het hardnekkige koloniale denkbeelden zou reproduceren. Dat klopt. In de tekst, die grotendeels uit letterlijke citaten bestaat van missionarissen die ik heb geïnterviewd, waagt mijn personage zich aan enkele scherpe uitspraken die onbekritiseerd blijven (over Lumumba, over de verschillende rassen, over 'de zwarte', over Afrikaanse gebruiken...). Doordat het personage bovendien op andere momenten nogal sympathiek overkomt, lijkt het zelfs alsof die bewuste uitspraken aanvaardbaar of zelfs legitiem worden. Dus ja, koloniale clichés. Maar is de tekst daardoor problematisch? Misschien heb ik ze er wel *moedwillig* in gestopt, in plaats van dat ze er onbewust in waren gerold. Misschien was het voor mijn creatie wel *noodzakelijk* om een personage te bedenken dat een kluwen was van overtuigingen en ervaringen. Misschien deed het er niet toe wat vandaag al dan niet aanvaardbaar was: in Oidipous' tijd mocht men evenmin met moeders slapen of vaders vermoorden. Misschien is het waarlijk tragische personage held noch beul. Toegegeven, hiermee liep ik als auteur het gevaar dat sommige toeschouwers zich sterker zouden identificeren met het personage dan gepland, hetzelfde gevaar dat Armando liep toen hij in 1967 met Hans Sleutelaar *De SS'ers* uitbracht, een boek met rauwe, onbecommentarieerde interviews met Nederlandse collaborateurs, waarvoor hij aanvankelijk sterk werd aangevallen. Maar dat gevaar moet een kunstenaar bereid zijn te lopen, anders heeft zijn zoektocht geen enkele zin. Zonder risico sterft alle kunst.

Met het genre van het normatieve, geëngageerde theater voel ik weinig affiniteit. Wie tijdens een voorstelling op zoek is naar een herbevestiging van de eigen politieke voorkeuren of historische denkbeelden, in de hoop dat andere, minder verlichte delen van het publiek zullen aangestoken worden door het juistere inzicht dat men zelf allang deelt, is misschien gewoon aan het verkeerde adres in de schouwburg. Theater is voor mij geen traktaat, laat staan een soort bekeringsijver. Het vermag iets anders.

Theater toont de wanhoop die voorafgaat aan het mededogen. Eerder dan op te roepen tot engagement, sticht het zijn eigen betrokkenheid. En wel: door zijn duisternis. Theater dat rechtstreeks appelleert aan het mededogen beroert mij in elk geval stukken minder dan kunst die poogt af te dalen tot het nulpunt. Waar religie genadevol is, blijkt kunst juist genadeloos. Zij toont de kaalslag, de leegte, het wrakhout. Vandaar dat ik als auteur bijzonder geïntrigeerd raakte door het verwarrende, woordloze slotbeeld dat de eerste regisseurs van *die Siel van die Mier* en *Missie*, Josse De Pauw en Raven Ruëll, los van elkaar kozen. De oude professor hulde zich plots in een bruidskleed, klom op een tafel en verlangde amechtig naar een menselijke variant van de bruidsvlucht. De oude missionaris stond plotseling, druipend van de regen, midden in een ravage van stoelen en neonlicht en verzorgde datgene wat kapotter was dan kapot: een rottende gier. Mensen aan een existentiële afgrond, ver voorbij de taal. Het besef van het absurde doet de professor opnieuw verlangen en de missionaris alvast berusten.

Nu pas, met enkele jaren afstand, zie ik dat beide teksten een korte, maar verwante scène hebben die zich, toevallig of niet, telkens bij een raam voordoet. Op een gegeven moment zit de jonge entomoloog uit *die Siel van die Mier* bij het venster van zijn hotel in Léopoldville: de gebeurtenissen hebben hem zozeer ontredderd dat hij besluit voor het veilige leven van de academische loopbaan in Europa te kiezen. In *Missie* daarentegen zit de missionaris op leeftijd tijdens zijn verlof iets te drinken met zijn geliefde van een halve eeuw geleden. Als ze naar het toilet gaat, kijkt hij door het raam naar buiten en voelt hij zich vervreemd en getroost ineen. Ik geloof dat dit sleutelpassages kunnen zijn. Misschien gaan deze stukken daar wel over: over door het raam kijken, de leegte zien en de keuzes die men dan maakt. Ik zeg niet wat te kiezen, ik toon hoe mensen kiezen. Mijn theater kan slechts hopen moreel te worden naarmate het erin slaagt niet te moraliseren.

David Van Reybrouck
Roesbrugge-Haringe, juli 2011

die Siel van die Mier

Een college

Bon. Ge zult u herinneren dat we vorige week geëindigd waren bij de kakkerlakken. Kakkerlakken zijn de grootste generalisten van het dierenrijk, heb ik toen gezegd. Vierhonderd miljoen jaar geleden ontstaan en sindsdien niet meer veranderd. Ze overleven alles: dinosauriërs, zoogdieren, meteorieten, ijstijden... alles!

Bij ons afscheid gaf ik een opdracht mee aan de gelukkigen onder u die kakkerlakken op kot hebben. Heeft u het geprobeerd? Heeft u ze in de microgolfoven gestopt? Mooi in het midden? En heeft u gemerkt hoe ze de straling overleven door het rustigste hoekje van de oven op te zoeken? Kakkerlakken zijn de *Landrovers* van het dierenrijk: simpel en onverwoestbaar.

Mooi. Deze week wil ik met u stilstaan bij een groep insecten die nauw verwant is aan de kakkerlakken: de orde der termieten. De technische gegevens omtrent hun anatomie, taxonomie en evolutie vindt ge in de syllabus. Met name op... even kijken... de pagina's 318 tot 331. Ik zal u daar vandaag niet mee lastigvallen, ge kunt dat best door zelfstudie tot u nemen. Globaal gesteld komt het erop neer dat termieten van de kakkerlakken afstammen. Ze hebben eveneens een primitieve lichaamsbouw en een rudimentaire genese, máár: een veel complexer sociaal gedrag. Wereldwijd zijn er een kleine drieduizend soorten, en die worden ingedeeld in een resem families en zes superfamilies: de Mastotermitidae, de Kalotermitidae, de Termopsidae, de Hodotermitidae, de Rhinotermitidae en de Termitidae. Bon, ge leest dat wel eens op uw gemak. Op het examen moet ge u niet aan detailvragen daarover verwachten. Kennis van de grote lijnen zal volstaan.

Laat ons maar meteen naar het gedrag kijken. En laat me u trakteren op een schoon citaat dat een oud-student me ooit gaf: 'Termietengedrag is zielkunde, het is tenminste alles van hun psyche dat wij kunnen waarnemen.' De auteur is ene Eugène Marais, mij onbekend, maar dat zal wel een Fransman zijn.

Soit. Ik doorloop met u diverse facetten van het seksueel en sociaal gedrag, te beginnen bij de reproductie. Wie ooit het voorrecht heeft gehad om 's ochtends vroeg of 's avonds in de savanne te staan, liefst bij het begin van het regenseizoen, zal 't weten: het uitzwermen der termieten is een van de merkwaardigste fenomenen in de natuur. Het moment is niet te voorspellen. Na een bepaalde regenbui – niet de eerste, niet de hevigste – gaan alle termietenheuvels tegelijk open. Plots ziet de lucht zwart van de insecten. Hóe die synchronisatie gebeurt, weet niemand. Maar dát ze moet gebeuren, spreekt voor zich: om inteelt tegen te gaan, móeten de termieten paren met die van andere nesten.

De regen lijkt hoe dan ook beslissend. Mijn vroegere collega, wijlen dr. Jean Ruelle, heeft ooit in de Bas-Congo een afdak gebouwd boven een termietenhoop. En wat bleek? Terwijl alle naburige hopen rond 1 oktober uitzwermden, zwermde die ene, 'droge' hoop pas uit op 1 *december.* Twee maanden te laat! Het omgekeerde bleek ook waar. Toen dr. Ruelle in september – 1962, geloof ik – op het einde van het droogseizoen één termietenheuvel kunstmatig begoot, kwamen die gasten te *vroeg* uit. Twee weken lang had hij met een verstuiver op zijn rug rondgelopen, meer dan vierhonderd liter water had hij doen regenen, maar het bewijs was geleverd: de termieten verschenen, terwijl er in werkelijkheid al meer dan drie maanden geen druppel gevallen was!

En de grond was nog veel te hard om zich in te graven.

En een voor een gingen ze dood.

Ja, Jean... Hij dacht zelfs dat de termieten uitzwermden door het *roffelen* van de regen. Door het tikken. Hij had gehoord van zwarten die tamtam speelden om termieten uit te jagen. Of op boomstammen sloegen. En dat het de trillingen waren... Enfin.

Echt vliegen doen die termieten niet, ze drijven een beetje mee met de wind, een paar tientallen meters ver. Soms zelfs een kilometer ver, maar dat is zeldzaam. Twee uur lang kan het duren, dat uitzwermen. Al die tijd is de natuur erdoor *betikketakt*: vogels, reptielen, zoogdieren – ze zijn zot van die beestjes die zo slecht vliegen en zo lekker smaken! Eén keer in het noorden van Rhodesië zag ik een leeuw en een blauwe gnoe en een das vredig bij een termietenhoop staan. Ze waren zo bezig met eten dat ze elkaar met rust lieten! Onderzoek heeft aangetoond dat termieten zeer voedzaam zijn. Ze bevatten veel vetten en eiwitten en hebben een voedingswaarde van 560 kilocalorie per 100 gram. Voor de heren onder u: dat is vijf keer meer dan er in biefstuk voorkomt! Vandaar ook dat onze zwarte medemens zich een handje termieten niet rap zal ontzeggen. Waarom dacht ge anders dat ze tamtam speelden voor zo'n hoop aarde?

Ge ziet in de Congo ook dikwijls kinderen bij een termietenhoop op hun buik liggen. Ze 'plukken' termieten, als 't ware. En effenaan steken ze die in hun mond.

Eén keer ben ik 's nachts mee geweest met een termietenboer. U moet weten dat die heuvels zo kostbaar zijn dat ze zelfs aan bepaalde dorpen toebehoren. Slechts enkelen mogen ze exploiteren. Hij groef een gracht rond elke termietenhoop en plaatste dan een fakkel. De termieten binnen dachten natuurlijk dat het de eerste zonnestralen waren en stormden naar buiten. Toen we een uur later onze ronde overdeden, vonden we duizenden gevleugelde termieten in onze vallen.

U hoeft dat allemaal niet te noteren, maar ook dat is biologie. Een beetje verhalen vertellen, zo.

Soit. Hoe gaat het nu verder? De exemplaren die na hun kamikazevlucht veilig zijn geland, ontdoen zich onmiddellijk van hun vleugels. Krak! Zonder pijn. Meteen daarna gaan ze op zoek naar een partner. De mannetjes laten een geurspoor op de grond na; de vrouwtjes lopen met geheven achterlijf te pronken; beetje *dretselen*, beetje zoeken. En dan vinden ze mekaar! En content dat ze zijn! Zo content dat ze een heel eind in tandem gaan lopen. Dat kan uren, soms zelfs dagen duren. Het mannetje achter het vrouwtje, van zijn eigens. De tandem kan soms verbroken worden, het vrouwtje kan verdwijnen, een ander mannetje kan in de plaats komen – enfin, ge kent dat wel. Maar na verloop van tijd beginnen ze elkaar te strelen met hun antennes, elkaar te likken en zelfs te bijten – ook dat kent ge wel. Wat ge voorzeker niet kent, is dat hier nu een koppel ontstaat dat tien-tallen jaren stand zal houden. Termieten zijn de meest monogame dieren op aard. Jaja.

En nu? In de natgeregende grond of in een dode boomstam graaft het pas gevormd koppel zichzelf een nestje. Twee à drie dagen zijn ze daarmee bezig. Graven, graven, graven. Als het klaar is, sluiten ze het af met een zelfgefabriceerd cement van speeksel en uitwerpselen. Vanaf dan worden dag en nacht één lange, lange duisternis: die kleine ruimte is namelijk het begin van de hele termietenhoop. Angelsaksische collega's spreken van 'the nuptial chamber'; de grote Franse entomoloog Pierre Grassé heeft het over 'het copularium'. Copularium, dat is natuurlijk een van die woorden waarmee ge u in de *fakbar* populair kunt maken, maar de term is accuraat. Hier is het dat copulatie voor het eerst geschiedt.

Na uitvoerig strelen en likken, klimt het mannetje op het vrouwtje. Hij heeft geen extern geslachtsorgaan en kan haar dus niet penetreren. Hij blijft liggen. Een paar minuten. Uit een porie op het negende segment van zijn achterlijf vloeit enkel wat zaad, zaad dat het vrouwtje keurig opslaat in haar 'spermatheek'. Ook dat is een term die ge elders kunt misbruiken.

Na een week begint het vrouwtje aan haar levenstaak: eieren leggen. En niet zomaar af en toe, nee. Maar on-afgebroken. Bij de hogere termietensoorten zelfs om de twee seconden eentje. Meer dan 40.000 per dag, bijna 16 miljoen per jaar. In een oude studie las ik eens dat de koningin dagelijks twee vijfde van haar lichaamsgewicht aan eitjes legt! Alsof u, mejuffrouw, van uw zestig kilo er dagelijks vierentwintig baart! Dat zegt toch iets over de intensiteit van het metabolisme, nietwaar!

Sommige van die vrouwtjes – om duistere redenen worden ze ook wel koninginnen genoemd – kunnen tot vijftig, misschien zelfs zeventig jaar oud worden. De moeite van het rekensommetje kunt ge u besparen: dat komt neer op meer dan driekwart miljard eitjes. Al die tijd loopt het mannetje op en rond het vrouwtje. Eén keer per maand mag hij zaad geven. Om minder duistere redenen wordt hij derhalve de koning genoemd.

Terwijl de koning één tot twee centimeter lang is, zal de koningin zes keer zo groot worden. Haar eierstokken raken dermate gehypertrofieerd dat haar hele achterlijf, waarmee ze ooit zo elegant in de buitenlucht stond te zwaaien, uitgroeit tot een wanstaltig wit worstje van soms wel 14 centimeter lang. De grootste die ik ooit mat, was een exemplaar in Tervuren van 11,6 centimeter. Bij *Bellicositermes natalensis* is het vrouwtje na haar vlucht 0,2 kubieke centimeter groot, na een paar jaar *25* kubieke centimeter. Qua massa kan ze meer dan *150* keer haar aanvangsgewicht worden. Een Michelin-madammeke, zoudt ge kunnen zeggen. Haar kopje en thorax priemen nog net uit de vette massa, maar haar pootjes graaien doelloos rond. De spieren verslappen, de ogen gaan achteruit; bewegen hoort er voor haar niet meer bij. Haar vlucht is afgelopen. Voortaan zal ze in volstrekte duisternis en complete immobiliteit eitjes leggen.

Geregeld ziet ge over haar lijf nog wel rillingen lopen; dat zijn ritmische, musculaire contracties. Niet van de kou of genot, nee, maar om het bloed rond te krijgen. Dat moet, omdat haar kleine hart de *bloedsomloop* van haar enorme lijf niet meer aankan.

Goed, denkt ge nu, dat moet toch *respect* garanderen, enige erkenning opleveren? Vergeet het maar. Want wanneer haar eierproductie afneemt, wordt deze *queen-mother* simpelweg *opgegeten* door haar werkers. Op-ge-ge-ten! Kunt gij u dat voorstellen? Heel uw leven wroeten, om dan... zomaar... aan het eind van uw carrière... enfin.

Als gevolg daarvan zal een aantal larven zich ontpoppen tot: vervangkoningin of 'secundaire reproductieven'. Dat zijn dus troonpretendenten die nooit het buitenlicht hebben gezien, nooit gevlogen hebben, nooit gegraven, niks niemendal. Eentje zal nochtans de nieuwe vorstin worden, maar ze zal maar half zo groot worden als de stammoeder. De andere kandidaten worden vervolgens – ge hadt het kunnen raden! – opgepeuzeld.

Ziedaar de wonderbaarlijke ellende der termieten.

Om u wat op te beuren ga ik nu iets vertellen over de sociale organisatie. Bij kakkerlakken, weet ge nog, was die zeer simpel, om niet te zeggen quasi onbestaande. Maar bij termieten gaat het er zeer verfijnd aan toe. In 1961 heb ik op vijf dagen tijd met een paar *indigènes* zestig kleine termietenhopen afgegraven. In de buurt van Elisabethville was dat, enfin Lubumbashi, zoals ze nu zeggen. Het ging om het geslacht Cubitermes. Telkens gooiden we de bewoners eruit en telden we hun aantallen. De sociale verhoudingen bleken telkens als volgt: 95% werkers tegen 5% soldaten. Daar kan een foutmarge op zitten, maar het strookt nog steeds met de internationale literatuur.

De werkers zijn kleine, onvruchtbare, *miezerige* diertjes die hoogstens een paar jaar oud worden. De soldaten daarentegen hebben een grote, gladde, harde kop, met lange, krachtige kaken; schoon om te zien. Maar in de kolonie zijn het de duizenden anonieme werkers die alles doen; de soldaten grijpen alleen in bij crisis en laten zich voor de rest bedienen door de werkers.

Nochtans ligt het niet vast wíe wát wordt. Bij de geboorte kunt ge nog alle kanten op: werker worden, of soldaat, of zelfs vervangvorstin. Uw lot hangt alleen van uw voeding en hormonen af. Zijn er een paar duizend werkers omgekomen bij een expeditie? Dan wordt gij, als larve, uitgebroed tot een nieuwe werker. Zijn er tientallen soldaten gesneuveld in een strijd tegen mieren? Dan zult gij wellicht ontpoppen tot een soldaat. Is er plotseling een overschot aan soldaten? Geen nood, dan wordt gij rap door uw broers en zussen opgegeten. Selectief kannibalisme, heet dat dan.

Maar ik had u opbeuring beloofd. Welnu, die soldaten hebben iets courageus. Zij verdedigen de termietenhoop tegen hun aartsvijanden, de mieren. En dat is nogal oneerlijk. Want die mieren, die zijn beschermd door een geweldig sterk dekschild. Bovendien verdragen ze het zonlicht en kunnen ze zien. Termieten daarentegen zijn blind, bloot en lichtschuw. Begin er maar aan! Nochtans, wanneer die mieren erin slagen een gaatje te maken in de termietenhoop, stormen de soldaten naar buiten. En klapperen dat hun kaken dan doen! Blindelings! Dak-dak-dak. Af en toe is het raak en vermorzelen ze zo'n dekselse mier. Soms ook niet. Ik heb vaak genoeg gezien hoe ze per ongeluk een van hun eigen werkers onthoofdden. Ja, ge lacht nu wel, maar 't is zo.

Bij de familie van de Nasutitermitidae zit het anders. 't Is te zeggen, de soldaten hebben in plaats van grijptangen een gifspuit op de kop. Daarmee spuiten ze een kleverig, bijtend zuur naar de mieren. Centimeters ver! Als het in de ogen van mieren komt, doet het hen kronkelen en verkrampen dat het niet fraai meer is. Ge moet maar denken, als klein grut staat ge met chemische wapens toch sterker dan met conventionele!

Ondertussen wordt achter hun rug de bres weer dichtgemetseld. De soldaten *batteren* echter dapper verder. Voor het behoud van de kolonie, want zélf zullen ze nooit meer binnen geraken. Het groepsbelang gaat voor. Zij stormen naar buiten en doen hun plicht. Ze grijpen in en doen hun plicht.

Dat voor wat betreft de soldaten. Laat ons nu een keer de werkers bekijken. (Tussen haakjes: het spreekt voor zich dat dit en het voorgaande essentiële examenstof zijn. De syllabus behandelt deze materie *in extenso* vanaf pagina 332; maar vanaf 357 tot het einde moet ge de stof alleen cursorisch kennen.) De werkers dus! Welnu, zij bekommeren zich om de eieren en de larven; zij zorgen voor het voedsel en het nest; zij houden de kolonie draaiende.

Ik verklaar me nader. Stel dat er in de natuur een stof is die overal voorkomt, bijzonder voedzaam is, maar door niemand verteerd kan worden; stel dat er zo'n onaangeboorde bron van energie bestaat en dat gij op een goeie dag daarvan zijt gaan proeven; en stel dat u dat niet misvallen is – dan zou het toch verdomd voordelig zijn om u daarop toe te leggen, zeker! Om uw organisme zo in te richten dat gij uw buik rond kunt eten, terwijl anderen met honger, of béter nog, met buikkrampen staan toe te kijken. Welnu, dat is precies wat termieten hebben gedaan. En hun basisvoedsel is even banaal als geniaal: cellulose! Cellulose is bet meest voorkomende organische materiaal in de biosfeer, maar bijna niemand kan het verteren. Termieten eigenlijk ook niet, maar daar hebben ze iets op gevonden. Ik leg het u seffens uit.

Uit het nest vertrekken er permanent werkers op zoek naar voedsel. Cellulose halen ze uit hout, bladeren, grassen, humus, enzovoort. Maar ook uit meubels, boeken, kleren en balken. Termieten, dat weet ge wel, kunnen ware ravages aanrichten. In Congo werden de dwarsliggers van de spoorwegen systematisch aangevreten. En telegraafpalen, en graanschuren, huizen... Wij moesten onze veldnota's elke avond in stalen kisten opbergen, anders waren we ze 's anderendaags kwijt... Ik hoorde laatst dat zelfs de bibliotheek van de universiteit van Kinshasa helemaal ten prooi is gevallen aan termieten. En ze hadden er nochtans zó'n goeie collectie over termieten! Enfin, wie zich hiervoor interesseert, moet aan de Landbouwfaculteit maar een cursus Toegepaste Entomologie volgen. Ons interesseert het gedrag van insecten nog altijd meer dan hun uitroeiing.

Allez, hoe verteren ze die cellulose nu? Ge zult zien dat het straffer is dan hoe wij hen verdelgen! De werkers kunnen de hardste materialen aan omdat hun massieve kaken zijn bezet met fijne tandjes. In hun mondholte wordt het hout met speeksel doordrenkt. In hun maag met maagsappen. Net zoals bij ons. Maar hun maagwand staat vol scherpe plaatjes die het hout tot pulp vermalen. Dat is uniek, zo'n soortement van een hakselaar in uw maag. Uniek, maar toch niet genoeg: want *nog steeds* is die pap onverteerbaar.

Maar nu komt het! We zijn al bij het begin van het

darmkanaal aangekomen. Bij lagere termietensoorten leven hier namelijk intestinale protozoa, eencellige organismes die minuscule stukjes hout weten te verteren. En dus te verwerken tot elementen die voor de termiet wel appetijtelijk zijn: koolhydraten en proteïnes. Het is een perfecte symbiose. Neem de protozoa weg en de termiet sterft. Neem de termiet weg en de protozoa sterven. Men heeft het proefondervindelijk aangetoond: egoïsme kan ook iets genereus hebben.

Bij hogere termietensoorten is het proces nog curieuzer: de vertering van het taaie hout wordt daar namelijk extern uitbesteed. Waaraan? Aan zwammen! In ruime, ronde kamers van het termietennest, de zogeheten 'schimmeltuinen', leggen de werkers een sponsvormig bedje aan van voorgekauwd hout. Die spons kan soms zo groot zijn als, als... bon, als een voetbal. De temperatuur en de vochtigheid zijn i-de-aal voor de ontwikkeling van een schimmellaag. Na verloop van tijd kan er geoogst worden. En dan doen de werkers zich te goed aan de vitaminerijke champignons. *Sauce Archiduc* als basisvoeding, om het met een kwinkslag te zeggen.

De werkers, zult ge denken, waarom horen wij alleen over de werkers? Hoe eten de andere kasten dan? Soldaten, larven, koning en koningin, die moeten zich toch ook voeden? Juist ja, maar dat is nogal problematisch. De jonge larven en het vorstenpaar zijn te immobiel om zelf voedsel te halen. Daarom worden zij gevoed door de werkers die hen een voedzaam en smakelijk speeksel toedienen.

En de soldaten dan? Die kunnen toch lopen? Ja, maar hun kop is dermate robuust dat ze zichzelf niet meer kunnen voeden. Alsof ge omzeggens in een middeleeuws harnas op een *thé dansant* zoudt rondlopen. Daarom ziet ge soldaten voortdurend met hun antennes aan passerende werkers vragen om wat voorgekauwde houtbrij. Dat ze zelf voedsel zouden kunnen halen, komt bij hen zelfs niet meer op. Zet hen dagen alleen bij een stuk dood hout, en ze verhongeren nóg. Ze móeten het van de werkers krijgen. Bij lagere termietensoorten gebeurt die voedseluitwisseling eerder anaal, bij hogere mag het al oraal.

Die voedseluitwisseling is niets anders dan de *trophallaxis* waar ik u in het begin van het semester over verteld heb. Het is en blijft een wezenskenmerk van veel sociale insecten. Men heeft ooit, bij wijze van experiment, licht radioactief voedsel aan een paar termietenwerkers aangeboden. In een paar dagen zat de hele kolonie vol becquerels! De mond-tot-mondreclame gaat bij ben kennelijk zeer snel. Naast voedsel wisselt men bacteriën, protozoa en misschien ook informatie uit. En zo komt het dus dat uw beste katoenen hemd of uw intiemste dagboekaantekening ongewild toch onder een paar honderdduizend lieden verspreid kan raken.

Zoals gezegd zijn de werkers ook verantwoordelijk voor de *bouw* van het nest. Dat heeft mij altijd geïntrigeerd: termieten zijn niet alleen de grootste slopers in de natuur, maar tevens de grootste architecten.

Neem nu de omvang van hun bouwwerken. Eenvoudige soorten wonen in uitgeholde boomstammen, of ondergrondse kamers, of simpele constructies op takken. Maar andere vervaardigen indrukwekkende bouwsels met torens en orgelpijpen die het landschap bepalen. Ik heb mij eens laten vertellen dat bij de aanleg van het vliegveld van Bulawayo maar liefst twintig ton aan termietenheuvels moest afgegraven worden. Twintig ton! En ik kan u verzekeren: Bulawayo heeft niet bepaald een groot vliegveld.

Bij Bellicositermes en Macrotermes kunnen de heuvels vaak meer dan een eeuw lang bewoond zijn en soms meer dan tien miljoen bewoners bevatten. Ze kunnen zowaar tot tien meter hoog worden. Dit is maar liefst duizend keer de grootte van een werker. Alsof wij wolkenkrabbers zouden oprichten van twee kilometer hoog! Vier keer de Twin Towers... zonder vooropgezet plan en bovendien van binnenuit, want we verdragen het licht niet. Zandkorrel per zandkorrel...

Want inderdaad, het materiaal is gewoon: *zánd* – simpel zand, eventueel gemengd met twijgjes of grashalmen. Termieten zijn dus ware alchemisten: uit hout slaan ze eten, uit zand hele steden. Los zand, mul zand, rul zand – maar het resultaat is keíhard. Als cement gebruiken de werkers speeksel of uitwerpselen. U zult ondertussen begrepen hebben dat de ziel van de termiet voornamelijk uit speeksel en uitwerpselen bestaat. En dat werkt perfect. Toen wij die Cubitermesheuvels openden om individuen te tellen, ging dat er met de *pioche* aan toe! Zweten dat die arbeiders deden! Ik herinner mij zelfs dat tijdens de oorlog in Katanga om termietenhopen gevochten werd. Het leger, de rebellen, ze probeerden ze te veroveren als schietstand voor hun mitrailleurs. Ik vroeg eens aan een UNO-soldaat waarom dat zo was. Tegen de kogels, zei hij, die gingen er niet door. En het uitzicht was perfect.

Grote bouwsels, sterke materialen, al wat ge wilt, maar hoe zit het binnenin? Bon, dat lijkt op het eerste gezicht nogal tegen te vallen. In die wirwar van tunnels en schimmeltuinen en broedkamers is het namelijk érg heet, zéér vochtig en zéér benauwd. Alsof ge u in een slecht-verluchte, pikdonkere sauna zoudt begeven. Nochtans is dit precies wat termieten willen! Om de vochtigheidsgraad van 95% op peil te houden, graven ze schachten tot op het waterniveau, soms wel véértig meter diep. Om dag en nacht te functioneren, handhaven ze een vaste temperatuur van rond de dertig graden – ongeacht de enórme schommelingen buiten. En om zuurstof binnen te halen, circuleert de lucht doorheen de termietenhoop. Er waait constant een lichte tocht door de gangen. Men heeft dat gemeten, met van die windmetertjes. De warmte en de CO_2 stijgen in de heuvel en worden bovenaan omgeleid via talrijke kanalen langs de buitenwand naar beneden. Daardoor koelt de lucht af en wordt koolzuurgas via de poreuze wand uitgewisseld tegen zuurstof. Een perfect ventilatiesysteem is dat!

Mijn vriend Jean Ruelle plaatste ooit een plastiek kap over een termietenhoop, gewoon een stuk landbouwplastiek. Het CO_2-gehalte steeg meteen. Maar binnen de achtenveertig uur hadden de termieten allerlei torentjes gebouwd, poreuze torentjes, om beter te kunnen 'ademhalen'. Hij zei het nog, Jean: '*On peut pas les étouffer comme ça*,' zei hij, '*on peut pas.*'

In 1962 was dat.

Ik heb u verteld over het koningspaar en hun vervangers, de soldaten en de werkers, de eitjes en de larven. Hebben we daarmee alle bewoners gehad? Bijna.

Eenmaal per jaar wordt een zeer bijzondere kaste gekweekt. Na de eerste regens ontwikkelt een aantal larven op korte tijd iets wat alle andere termieten al millennia lijken vergeten te zijn: ogen. Facetogen. Op de rugzijde van hun middenlijf groeien vier vliesjes die twee keer zo lang worden als hun hele lijf: vleugels. In de krappe, aardedonkere gangen lijken het zinloze accessoires. Ze lopen er onhandig mee rond. Dagenlang.

Ondertussen zullen werkers bij de wand van de heuvel tunnels beginnen graven, en een soort schansen aanleggen. De temperatuur zal een beetje dalen en de zuurstof een beetje stijgen. Allemaal tekenen van grote verandering. In een paar uur tijd zullen de gevleugelden pigmenteren: van spierwit tot donkerbruin. Hun geslachtsklieren zullen zich zeer snel ontwikkelen, hun seksueel instinct sluimert nog. Met hun breekbaar bruidskleed zullen ze zich door de gangen naar de wand van het termietennest begeven. Jongens en meisjes. Zonder belangstelling voor elkaar.

Soldaten zullen klaarstaan om de kolonie tegen eventuele indringers te bewaken. Het gewriemel zal koortsachtiger worden. Een paar werkers zullen het laatste stukje wand wegknagen.

Wanneer dan het eerste licht binnenpriemt, drummen de gevleugelden zich naar buiten. Klaar voor hun korte vlucht in het avondlicht. Klaar voor het leven. Klaar voor de plicht.

On peut pas les étouffer, on peut pas.

Veldnotities I

12 OKTOBER 1962, ACHT UUR 'S AVONDS

Achter de wand? Achter die planken? Onder die plint?

Het knagen. Stil, zeer stil.

Als ik mijn ogen dichtdoe, hoor ik ze: honderden tandjes in hout.

Rhinotermes wellicht.

Acht uur. Al twee uur donker, maar 't is nog steeds warm in dit verlaten huis. De auto staat een halve kilometer verderop. Vooras gebroken. De anderen zijn doorgereden, op zoek naar een mecanicien. Hoofdweg op tachtig kilometer. Morgenavond of overmorgen keren ze terug. Ik ga hier overnachten.

'k Had het moeten weten: de ophanging van mijn Consul is te laag. Al goed en wel om van Elisabethville naar Jadotville te rijden, maar voor zandwegen toch te zwaar. De kever van Jean en Aline reed veel lichter, zelfs toen ze met hun vieren wegreden vanmiddag. Van Beneden en Delamertine waren bij hen overgestapt. 'k Vond het niet erg om achter te blijven.

[stil]

Ja, 't komt vanuit de zijwand, vlak achter de lambrisering.

TIEN UUR TWINTIG

Rhinotermes bequaertianus. 'k Zag het aan de soldaten. Ze staan nu voor me. Eentje probeert uit de alcohol te kruipen, d'andere hebben 't al opgegeven. 't Zijn goede exemplaren. Als de auto niet te veel wiebelt, kan ik ze bij de collectie doen. Fiche invullen: *Rhinotermes bequaertianus, soldats, 12 octobre 1962, Mwadingusha, Katanga.*

Mwadingusha ligt wel veertig kilometer oostelijker, maar deze plek is naamloos. Mwadingusha niet, met die hydro-elektrische centrale. Vanochtend zijn we eruit weggereden. Vroeg ontbeten met de ingenieurs. Van Beneden en Delamertine schenen content. Ze willen investeren in twee extra turbines. Gister tijdens de rondleiding: 'twaalf megawatt', 'twintig megawatt', 'zwaardere alternateurs', 'Duitse transformateurs', 'ACEC', 'Siemens'. Jean probeerde te volgen. Ik verstond maar de helft. Aline deed geen moeite meer. Ze keek naar me.

HALFEEN

De plint weggenomen.
Spijkers met zakmes losgekoterd.
Meest westelijke paneel afgetrokken.
Splinter in rechterduim gekregen.
't Bloedt nog steeds.

Mooie kolonie.
Schimmeltuinen (vier).
Voorraadkamers (drie).
Larvenkamer (één).
Werkers lopen weg en weer, opgewonden.
Soldaten tikken met kop tegen grond.

't Alarmsignaal is goed hoorbaar.
Larven smeken om speeksel.

Koninginnencel: niet zichtbaar.

KWART VOOR VIJF

Toch in slaap gevallen. Daarjuist gewekt door d'eerste vogels. Wevervogels. Een boom naast het huis. Naar buiten gelopen. Alles nog: donkerblauw. In 't oosten: lichtblauw. Frisjes. Paar honderd meter gestapt. Weg van het huis, van de vogels.

Diep ademgehaald. Tegen boom gepist. Gekletter in de stilte. Rits weer dicht. Weten dat ik niet gedroomd heb.

Zeer zeker weten dat ik niet gedroomd heb.

Weten dat we de metalen trap beklommen hebben.

Het geluid van de zes turbines nog horen.

Weten dat Jean en de rest al naar boven waren, naar de controlekamer.

Horen: stortend water langs schepraderen.

Horen: 't suizen van geoliede assen.

't Ruisen in 't donker.

Ik die voorop ga.

Ik die haar vingers op de slippen van mijn vestje voel.

Ik die hoop dat ik gewoon ergens aan haper.

Ik die ergens aan haper.

Ik die haper.

Ik die – ik draai me om.

Ze grijpt mijn hand en drukt die tegen haar wang.

'*Je ne peux plus, Etienne, je ne peux plus.*'

Controlekamer: ver weg.

Haar schoenen op de metalen trap.
Een tree dichter.
Recht onder mijn mond.
'*Embrasse-moi.*'

HALFZES

Donkerrode lucht nu, hel-oranje in 't oosten. Ik schat: negentien graden. 'k Verlang naar koffie en brood, 't portatief dat speelt.

Ik eet zes koeken en een half zakje *arachides.* Ik drink. 't Water is koel.

Cake

26 DECEMBER 1962

Ze hadden cake mee, Jean en Aline. Gistermiddag. Ze kwamen voor Kerstmis. Cake met chocolade. Jean had het van een UNO-soldaat kunnen kopen. Die gasten hebben alles. Hij wou niet zeggen hoeveel hij betaald had, ik vermoed: wel vijf dollar.

Wij praatten in de living. Jean vertelde dat hij een stuk landbouwplastiek over een heuvel had gespannen en dat er in nog geen twee dagen tijd torentjes waren bij gekomen. Hij zou er een stuk over schrijven voor de *Bulletin agricole.* Altijd vol plannen, Jean. Gisteren ook nog.

Terwijl we over het vak bezig waren, ging Aline in de keuken koffiezetten. Ze kent het hier. Ze droeg een bloemetjesjurk. Haar haar was opgestoken.

Het was dertig graden.

De cake was een beetje droog, maar lekker.

'Genuine Carolina Chocolate Cake' stond er op het pak.

Om halfvijf stonden ze op. Ze hadden nog anderhalf uur voor het donker werd, misschien twee. Ik zei het nog tegen hen: zorg dat je voor 't donker thuis bent. Aline glimlachte en hield mijn arm vast. '*Pour un célibataire, tu fais très paternel.*'

Het rommelt, zei ik. Iedereen weet dat het rommelt. In Maduvu waren er schoten geweest.

Ze namen niet de lift, maar de trap. Terwijl ik de kopjes naar de keuken droeg, hoorde ik hun stemmen weergalmen in het trappenhuis.

De schoenen van Aline ook.

Op de salontafel lagen het mes en de rest van de cake. Ik raapte ze op en keek door het raam. De kever van Jean stond aan de overkant van de avenue. Ik zag hen erheen lopen, arm in arm. Zij legde haar hoofd op zijn schouder. Hij zei iets wat haar deed schaterlachen.

Zes jaar waren ze hier al. Na zijn doctoraat wou hij niet meer terug, zei hij. *Louvain*, het *Institut de zoologie*, het leek allemaal zo ver. Maar hier, die aarde en die ruimte en die nachten.

Hij hield haar deur open en liet haar instappen. Twee mannen naderden van rechts. Hij liep om de auto. Geen uniform. Ze droegen geen uniform. Ze liepen traag, niet gehaast. Een van hen, de langste, had een geweer aan zijn schouder hangen. Ze riepen iets naar Jean. Hij stond bij zijn portier. Ik zag dat hij met zijn hoofd schudde en de klink vasthield. Ze lachten, kwamen naderbij. De kleinste zette een fles aan zijn mond. Aline kon ik niet zien, maar ze moet zich omgedraaid hebben, door de achterruit gekeken hebben.

Nu stonden ze naast hem. Ze wezen naar zijn sleutels. Jean schudde opnieuw zijn hoofd. Geen sprake van. Een lift zou hij hun geven, dat wist ik, hij deed het vaak genoeg. Maar zijn sleutels?

De kleine begon aan zijn mouw te trekken, Jean wrikte zich los. De kleine zette de fles op het dak van de kever en greep hem met beide handen vast. Aline stapte uit aan de passagierszijde. *Jette-moi les clés*, moet ze geroepen hebben, want Jeans sleutelbos vloog over het dak van de wagen. De kleine leek verbijsterd. Gaf een vuistslag aan Jean, liet hem los en stapte naar zijn kameraad.

Ik wou dat het daar was opgehouden. Maar ik zag wat ik zag. En toen het eenmaal gebeurd was, leek het alsof het niet anders had kunnen aflopen.

Hij sleurde het geweer van de schouder van de grote. Die stribbelde tegen, wou niet afgeven, hield de schouderriem vast. De kleine klauwde dan maar naar de trekker en greep. Hij vuurde. Vier, vijf keer. Ongericht. Jean leek tegen de auto te leunen, even steun te zoeken, maar gleed toen onderuit op de avenue.

Aline was alleen nog een mond, één langgerekte schreeuw. Ze liep voorbij de motorkap en bukte bij de vlek die groeide op het hemd van Jean.

Ze droeg een bloemetjesjurk.

Op het bolle dak van de oranje kever stond de fles een beetje scheef. En lagen er sleutels.

Ik stond achter het raam. Met cake en een mes in mijn handen. 'Genuine Carolina Chocolate Cake'. Aan het mes hingen strepen cake.

Implosie 1

Als student krijgt gij kennis voorgeschoteld. En die is af. Klaar.

En gedrukt. Maar als jong onderzoeker begint gij kennis te vergáren. Rommelig en sukkelachtig. Soms zijt gij vermoeid, soms niet in vorm. En ge denkt voortdurend: ik ben aan 't prutsen, ik ben daar niet voor gemaakt, mijn onderzoek moet zijn gelijk al die colleges die ge gekregen hebt – even systematisch, even smetteloos.

Totdat ge beseft dat dat ook maar een façade is. Totdat ge beseft dat uw proffen vroeger en uw collega's nu óók maar aan het prutsen zijn. 't Is pas áchteraf dat we voor de buitenwereld een orde forceren, dat we ons geputs wegschrapen en doen alsof er vanaf het begin een logica in zat. Vraagstelling, methode, conclusie, ja – op het moment zelf loopt dat door elkaar, áls het al loopt.

't Had er misschien anders uitgezien, mijn doctoraat, moest ik in de Congo niet gezien hebben wat ik gezien heb. Ge weet dat niet, ik zal 't nooit weten, maar toch. Dat tekent u, dat tekent uw werk.

Is dat erg? 'k Weet het niet. Soms denk ik: 't is spijtig dat er op zuiver onderzoek altijd vlekken van 't gewone leven moeten zitten. Maar nu weet ik dat 't misschien wel juist het tegendeel is. Dat zuiver onderzoek niet meer is dan een paar vlekjes op de rest van 't leven. Pak nu die soldaten. Wij spraken daar altijd over in termen van opoffering. Ze komen naar buiten, de boel wordt dichtgemetseld, maar zij doen door. Schoon, zeiden wij, dat is nog een keer een samenleving, zie. Zó solidair dat ze zichzelf vergeten.

Totdat ge zelf –

Totdat ge zelf een keer.

Kijk, die soldaten doen dat niet uit naastenliefde, hé! Die dóen dat gewoon.

Soms denk ik: we hebben ze te véél met mensen vergeleken. Allez, moeten wij ons *laf* gaan voelen als we naar termieten kijken? Moeten wij ons *schuldig* voelen? Altijd maar dat bewonderen. Altijd maar dat opkijken...

Ja, in mijn colleges heb ik daar ook aan meegedaan, da's waar. Maar dat was om ze te boeien, ziet ge. Dat werkt goed, als gij zegt dat zo'n heuvel feitelijk hoger is als den Eiffeltoren. Maar die termieten zijn daar zelf niet mee bezig, hé, zo van: kijkt nu een keer naar ons, hoe groot dat onzen hoop hier aan 't worden is. Ba neen zij!

Veldnotities II

TWINTIG NA ACHT

'k Zit terug binnen. 'k Heb nóg twee panelen uitgebroken. Drie ferme tunnels gevonden en de plek waar ze mekaar kruisen. Daardoor vermoeden van waar koninginnencel zat. In de donkerste hoek, dacht ik, waar het fornuis stond.

Hypothese getest: plank uitgebroken en inderdaad, daar lag het. Gelijk een oester, een schedel, of een ei.

Heb goesting om het open te breken. Om de koningin te observeren. Maar te veel licht nu. Of ik moet de ramen verduisteren, en de deur.

KWART NA TIEN

Verschrikkelijk warm. De rotte panelen tegen de ramen gezet. Vest voor de deur gehangen. Kier onder de deur dichtgepropt met hemd.

In bloot bovenlijf nu, toch niemand hier. Zweten. Zon op zinken dak. Donker, goed donker. Zweten, zweten bij het licht van de zaklamp.

WAARNEMINGEN

Lengte: 5,2 cm; immobiel

Oriëntatie: oost-west, kop naar het westen

Musculaire contracties: regelmatig

Fecundiciteit: (na ingreep) 1 eitje per 12 seconden, (vijf minuten later) 1 per 7 (regressie na disruptie: zie Gösswald in *Entomologische Zeitschrift*, 1957 denk ik)

Koning: aanwezig; 1,2 cm; vnl. bij haar achterlijf; rusteloos

Soldaten: ca. 30; opvallend groot (7 mm); in slagorde, kopjes naar het noorden gericht

Werkers: wisselend aantal; nooit minder dan 80. Aan 't achterlijf dragen ze eitjes weg door een minieme opening, zuid-oostelijk. Aan haar kop: komen en gaan van werkers, speeksel zichtbaar, trophallaxis, komen van westelijke gang (schimmeltuin?)

Datum: 13 oktober 1962

Uur: 11.55

Temperatuur: ca. 37°C

HALFEEN

Ondraaglijk, die donkere hitte. Mijn lijf: klam. Mijn adem: kort. Mijn ogen: loom.

Een donkere hitte, mja... Jaja. Een onzichtbare gloed.

Gelijk ze daar zat. In de Club des Colons. Haar rug en haar handen over het klavier. *Je te présente ma fiancée*, zei hij, Jean. Hij nam haar schouder; ze draaide zich om. Die ogen. *Enchantée.* Groot en grijs en genereus. *C'est donc vous: Etienne?* Een verlangen om te stranden. *Jean m'a beaucoup parlé de vous.* Een verlangen om aan te spoelen, naast zulke ogen wakker te worden.

Ik was nog geen twee maand in Elisabethville. Het onderzoek juist begonnen. Mijn Frans werd minder stram.

Oui, oui, aussi les teRmites, moi.

Of dat niet vervelend was.

Ah, non. Peut-êtRe pouR vous, mais pas pouR nous!

Dat Jean niet verteld had dat ik geestig was.

Ah non?

Dat ik gedegen was en veelbelovend, dat wel. Maar geestig?

Cela vous embête?

Pas du tout! had ze gelachen. Haar hand op mijn arm. Voor 't eerst. Zacht en warm. *Vraiment, du tout!*

Ik vroeg haar om verder te spelen. Ze zette haar vingers, vond de melodie. Ik keek naar haar hals, het opgestoken haar, de schouders die wiegden. Boven ons draaide een ventilator, zeer, zeer traag.

Tocht. Trek. *CouRant d'aiR.* Mijn lippen smaken zout. De lucht hierbinnen lijkt van lood. Of lijm. Alles plakt. De zaklamp aan mijn vingers. Mijn arm aan mijn flank. Dit schrift dat krult onder mijn rechterhand.

Een ventilator: drie bladen die elkaar proberen in te halen.

De markt

Ik had mijn schuifpasser niet bij en Aline was al doorgelopen naar het volgende kraampje.

Ik keek naar de hand van de verkoopster. Een blanke rups die rilde in haar zwarte palm. De grootste koningin die ik ooit zag. De verkoopster gierde van de pret om mijn verbazing.

'C'est bon, *mzungu*, mais oui, c'est bon!'

Je wist het nooit. Of je ze kon vertrouwen. Of ze de draak met je staken. Je wist het niet. Zelfs niet na een jaar.

Ik wou het bekijken, maar ze gooide het insect in het kokende water. Een spasme. Uit het achterlijf stroomde slijm. Eitjes, anaal vocht, fecaliën – nee, slijm.

Het duurde geen dertig seconden.

Aline keerde terug. Keek mee in de pot, en dan verbaasd naar mij.

'C'est bon,' zei de verkoopster. 'Bon pour faire enfants. Beaucoup enfants pour *mzungu* et madame. Beaucoup, beaucoup!'

We keken elkaar aan en glimlachten – gretig en schuldbewust.

Tussen duim en wijsvinger hield ze het ons voor.
Ik nam het van haar over.
Beet.
Het spatte in mijn mond.

Een vloeibare noot.
Een warme slok hout.

De tweede helft bracht ik naar de mond van Aline.
Ze perste haar lippen samen.
'Allez toe,' zei ik plagerig.
'Mm,' antwoordde ze.
Ik zei iets wat haar deed lachen.
Toen stopte ik het tussen haar tanden.

Een vloeibare noot.
Een warme slok hout.

Trage slagen

Daarna gingen we zwemmen bij Union Minière. Meestal op zaterdag. Er kwamen veel Belgen. Iedereen wist wat er gebeurd was, maar men liet ons gerust.

We zwommen samen, ik ging er altijd eerder uit. Naar de schaduw, de kranten, een witte martini. Ik keek graag naar haar. Ze zwom goed. Hele lengtes onder water. Haar bleekblauwe lichaam, dicht bij de bodem. Dicht bij haar donkerblauwe schaduw. Daaronder: precies een vangnet van licht.

Trage slagen, zei ze, dat is de truc. *On se déplace doucement*.

Ik keek er graag naar.

Haar ledematen: langzaam als gras.

Haar ademhaling: af en toe een trosje bellen.

Haar haar: zwijgend wier.

Als ze bovenkwam, proestte ze niet, ze snakte niet naar adem. Ze veegde alleen het water uit haar ogen, het haar uit haar gezicht. En zwaaide naar waar ik zat.

Veldnotities III

TIEN NA VIER

Daarnet wakker geworden met zeer aan mijn hoofd. Moet even geslapen hebben. Zaklamp nog aan. Licht verzwakt. Zeer en dorst, dorst. Bidon voor driekwart leeg. Zuinig zijn.

Zit nu voor cel. Schrift op de vloer. Schrijft lastig, maar moet. Zeer merkwaardig. Daarjuist bij het meten: plafond van de paleisholte aangeraakt. Stuk van de harde klei kwam los en viel, koningin kreeg tamelijk harde klap. Ik vloekte. Koningin begon haar kopje weg en weer te wiegen. Nog nooit gezien. Weg en weer.

Nu: werkers zijn gestopt. Niemand brengt nog speeksel aan, niemand draagt nog eieren weg. Chaos. Puinhoop. Lijfwacht van soldaten? Opgebroken. Verdwenen in de gangen.

Nu: tientallen werkers stromen de koninginnencel binnen. Zeer klein (3 mm). Klimmen op koningin en strelen haar huid met hun kaken. Masseren? Tegen het zeer?

Nu: nee, niet masseren, maar zuigen! Duidelijk waarneembaar: als ze beginnen, is hun lijf leeg; als ze weglopen (altijd westelijk), is het gevuld met vocht. Dat vocht moet dóór haar huid komen. Dikte van het achterlijf op het derde segment: 6 millimeter.

Nu: ze zuigen haar leeg! ze zuigen het vet dwars door haar huid! Dikte: 5 millimeter. Haar achterlijf verslapt, krijgt weer plooien. Eten ze haar op? 't Gaat erg snel. 'k Kan niet alles volgen. Lamp bijna leeg.

Nu: 3,5 millimeter. Ze schudt het kopje, nog steeds. Pootjes klauwen. Nééén: niet opeten, maar vermageren! Terug naar het wijfje dat ze ooit was, tien, twintig, dertig jaar geleden. 1932; drie jaar voor mijn geboorte. Haar achterlijf: nog slechts een verschrompeld velletje achter haar poten. 2 mm.

Nu, nu gebeurt het. Ze zet een stap. En nog een. En nog een. Ze lóópt... Voor het eerst in jaren. Ze zoekt de westelijke uitgang, daar waar alle werkers heen liepen. Ze vindt de minieme opening, wrikt zich erdoor, en verdwijnt uit de holte waar ze decennia heeft stilgelegen.

Het laatste licht.

En ik besef: ze zal een nieuwe cel gaan bewonen, een veiliger cel, de werkers zullen haar voeden met haar eigen vet, ze zal weer aankomen als voorheen en de rust zal –

KWART NA VIJF

Buiten. Lucht. Avondlicht.
Planken teruggezet.
Hemd weer aan.
Leeggezogen, verhuizen, volgevoed, herleven.
Het is windstil.
Ik luister.
Hoor ik een auto? Hoor ik de kever?
Vogels, zwijg.
Hoor ik de luchtgekoelde motor?
Het ploffen van de uitlaat?
Ligt zijn hand op haar dij?
Zoekt ze mijn auto in de berm van de weg?

Ik wacht.
Ik wacht.

[stil]
Aline, Aline, Aline, Aline, Aline.

Monologue de l'oreiller

En ze zei:
Tu es tout doré dans cette lumière.
Je vois les petits poils sur ton ventre.
C'est très, très beau, comme du feutre.
Tu respires comme un paysage.

Maintenant tu te réveilles.
Tu ouvres les yeux
et tu retrouves les miens.
Tu l'avais presque oublié – que j'étais ici.
C'est pas grave, vraiment.

La surprise de ton regard
devient la tendresse de tes gestes.
Tu me caresses.
Toujours.
Toujours tu me caresses.

Cela se terminera-t-il un jour?
Je ne le veux pas. Jamais.
Je veux qu'une vie soit cette heure
de crépuscule dans une chambre
où tu te réveilles.
C'est tout ce que je veux.
    Et déjà, c'est trop.

Tu me caresses la nuque et les épaules,
tu poses ta main sur mes seins.
Elle découvre la paresse, ta main.
Elle y reste, fait de petits pas,
de petites caresses.
Tu m'excites.

Tu m'excites
et je ne veux pas que tu me voies dans cet état,
comme une herbe au vent d'été.
Je te le dis.
Je dis: je ne veux pas que tu me voies comme ça,
j'ai été une femme mariée.

Tu grognes dans ta gorge
et tu tournes la tête.
Tu jettes ton bras à côté du lit
et tu y trouves ta chemise de cet après-midi.

Je me demande –
mais tu me l'as déjà mise sur le visage.
Tu prends les manches
et me soulèves la tête.
Tu fais un nœud derrière mes cheveux
et tu me bandes les yeux.
Avec une chaussette,
tu m'attaches les mains dans le dos.

Maintenant, je pense –
mais tu sors du lit.
Je ne bouge plus,
plus rien ne se dit.

J’entends que tu allumes
la lampe dans la chambre.
Tu reviens au lit,
je sens ton regard.
Je suis plus nue que nue.

J’ai des frissons.
Je tremble.
J’ai envie de dire ‘viens au lit’
et aussi ‘ne regarde pas’.

J’attends.

Tout d’un coup je sens le bout
de ta langue sur le front, le menton.
Pas tes lèvres, ni tes mains,
juste cette petite vague
qui descend, tout doucement,
tout en évitant les points importants
    (pas la bouche, mais les joues)
    (pas les seins, mais leur plaine)
    (pas le sexe, mais les genoux)
tu me lèches,
indifférent comme un océan.

J’attends.

Puis, après une éternité,
tes doigts m’épluchent comme une orange.
D’abord mes jambes, puis ma chair
et finalement ta bouche si lente
qui lape le jus: tu me manges.

Je gémis en silence
et tu dis: silence.
Plus rien ne se dit.
J'attends.
J'obéis.
    Et puis: je jouis.

Tu n'as rien entendu, tu continues,
comme des gouttes qui tombent
bien après la pluie.

Puis ça s'arrête.

Maintenant, je pense –
mais tu plantes tes mains
sur mes hanches
et tu soulèves mon bassin
comme une pente, un tremplin.

Tout ce temps,
mes bras restent sur les draps.
Je suis un autel,
une armoire, un bocal.

C'est alors que tu me prends.

Et je compte le temps
par tes frémissements
par tes doigts qui m'écartent
et tes yeux qui regardent
    moi, c'est tout noir
    c'est la nuit, l'obscurité

il n'y a personne, personne
sauf cette indignité

et tu sors trop tôt,
et tu t'assieds sur moi,
tu veux mes seins, ma bouche,
mes cheveux et le reste,
tu me frottes,
tu me cherches –

et puis tu me sèmes
et je te sens et je t'aime

et j'entends
tes poils d'or
qui souffrent
et soufflent

encore
encore –

Implosie II

Ik heb het hun niet verteld, de studenten. Ze moeten dat niet weten, dat dit mijn laatste college was. Sommige van de collega's weten het wél, maar ik hoop dat ze 't vergeten zijn –

'k Heb het gewoon gedaan. Omdat ik íets moest doen. Omdat ik 't gráág deed. Omdat het orde gaf. En nu is 't voorbij –

Tachtig artikels gepubliceerd, in 't Frans vooral. Dat over de evacuatie van de koninginnencel wordt nog steeds gelezen, naar 't schijnt. 't Is van 't jaar '65 al –

Vijfendertig jaar college gegeven. Zelden tegen mijn goesting. Alleen die examens –

Drie doctoraten begeleid. Twee ervan zijn prof geworden in Amerika –

Ik heb haar nooit meer teruggezien.

De laatste keer was in Léopoldville, zes maand na de begrafenis. Ik kwam terug van een congres in Nairobi en ze haalde me op aan de luchthaven. We reden de stad door naar Kinsuka om te eten langs de *fleuve*.

Ik weet niet meer waarover we spraken. Er waren prauwen op het water. Op de oevers stonden steenkappers in bloot bovenlijf. We aten kip met sla. Dat een mens zich zoiets wél herinnert.

Ze leek niet anders dan anders. Een beetje afwezig misschien, maar dat was ze wel vaker. Later heb ik me dikwijls afgevraagd of ze toen al alles besloten had. Ik zal het nooit weten.

Toen we terug in het centrum kwamen, parkeerden we bij 't hotel. '*Je vais juste encore acheter des cigarettes*,' zei ze. Ik was moe van de reis en ging al naar boven. Ze gaf me de sleutels en kuste me.

Ik ging op bed liggen en dommelde in. Toen ik een uur later opstond, vond ik de envelop bij de spiegel. Dat ze niet meer kon, leeg was, rust wou – dat ze voor twee weken naar Kaapstad zou gaan.

Twee weken. Ik ben nog *drie maand* in Léopoldville gebleven. Ik verliet de hotelkamer zelden, at weinig. Dagelijks belde ik naar het appartement in Elisabethville; er werd nooit opgenomen. In de Club des Colons was ze niet meer gezien –

Op een dinsdagavond keek ik door het raam. Ik was pas gedoctoreerd. De stad trok zich niets van mij aan. In mijn valies stak nog het telegram van professor Eeckhout. Met zijn gelukwensen. En over die post bij hem in Leuven. Of dat niet iets voor mij was –

Ik dacht aan de stroom en sloot het raam.

De orde der termieten

opnieuw, zeg het opnieuw
zeg het opnieuw,
en opnieuw en opnieuw,
zeg het

de Mastotermitidae: alleen in Australië,
de Kalotermitidae: nat en droog hout,
de Termopsidae: voorkeur voor rot hout,

zeg het opnieuw

de Hodotermitidae of oogsttermieten,
de Rhinotermitidae of ondergrondse termieten
de Termitidae of hogere termieten

zeg het opnieuw

deze laatste
deze laatste omvatten driekwart van alle soorten
ja?
en staan bekend om hun bovengrondse nesten
ja?
ook wel termietenheuvels genaamd!
ja!

niets vergeten, gij, niets
niets vergeten wij, niets
ge moogt niet, gij
ge zoudt er niet goed van zijn,
ge zoudt er niet goed van zijn,
ge zoudt er echt niet goed van zijn

waar heb ik dat nog gehoord
waar heb ik dat nog gehoord
waar nog?

want alles moet verteerd,
in gloed veranderd, eer
met schitter, schoon en rein,
het witte licht verschijnt

ach, kom nader, ja
ach, wereld neem mij weer –
ja...

Nog blinkt het oog en gloeit de huid
Nog streelt het licht de lakens glad
Nog ligt je arm omheen mijn hals
Nog vloeit je adem door mijn buik

Zeg het opnieuw!

2700 soorten
280 geslachten
zes families
één orde

Zeg het!

De orde der termieten
Orde, orde, orde!
    Precisie is uw enige deugd.
    Afstandelijkheid uw eerste vreugd.

Waar waart gij?
Waar zat gij met uw gedachten?
Waar waart gij?
Waar zat gij met uw gedachten?

Ssssht...

want kinderen op de grond
met een twijgje in hun hand
ze staken het in de heuvel
ze pulkten in het duister
    oehoehoe, riepen ze in het gaatje
    oehoehoe, tegen de mieren
en trokken het twijgje uit
buigend van de buit
en likten de stengel schoon

ach ja, ach ja, ach ja
zoals Chinees breien
en touwtrekken
en speelkaarten in uw fietswiel

‘kunt gij Chinees breien’
‘ba neen ik’
‘ha, da’s goed, ’k zal ’t u leren’
‘...’

Herbegin niet, hé!
Ge moet niet proberen, hé!
Doe maar gewoon.
Houdt u maar leeg.

‘hier, ge moet dat eerst tussen uw lippen steken’
‘wat? dat gras?’
‘ja, gewoon tussen uw lippen’
‘mmmazo mmmissien?’
‘ja, gewoon zo’
‘em mu?’
‘wacht, ik zal ’t u tonen, hier die twee einden pakken en...’ *zooúkk*

oehoehoe
oehoehoe!!

’k Heb ’t u pertang gezegd!
Dat ge moest opletten.
Met al uw streken.
’t Gaat u leren.

En piekezot en klaveraas en hertetwee in uw voorwiel
met wasknijpers van uw moeder op de fourche.
Tweetakt, viertakt, cyclocross in de Weidestraat
rekke dekke dekke dek

oehoehoe

En ik las: termieten zijn voor hen voorouders,
wit als hun beenderen.
Overdag is men zwart, eenmaal dood daagt het wit.
En termietenheuvels, toegangspoorten tot de onderwereld.
Overdag is men zwart, eenmaal dood daagt het wit.
Dat bleke gekronkel in het donker is het rijk der doden.
Rekke dekke dekke dek...
De Songola begroeven hun doden in de heuvels.
De Subiya zetten een pot met verpulverde knoken erop.
De Sakata... nee...
Overdag is men zwart, eenmaal dood daagt het wit.

Als er alleen rots is en geen water
als de aarde barst tot honingraten
als het zaad hapert aan zand
dan smeekt men de termieten.
Dongo, Ntunsu, Nkongo, Anzi
zij brengen de regens,
zij, de voorouders.

Waar dat gij u mee bezighoudt!
Gewoon tussen uw lippen houden en... *zóukkk.*

En de slang is een regenboog
die woont in de termietenhoop.
Opgerold wacht hij in het donker.
Hij glimt van toorn, het land is droog –

Tst! Tst!

Maar wacht dan toch.
Laat mij uitspreken.

Een meisje moet geofferd.
Op een termietenhoop met bomen.
Zij bloedt leeg, de boom groeit weer,
de takken raken de hemel...
    En er valt regen.
Uit haar mond en oog en schoot kruipen maden.
Witte maden. Goede maden. Levende doden.
    En er valt regen.

Zijt gij helemaal? zijt gij nu helemaal? zijt gij?
Voor dit jaar heeft u twintig vakantiedagen
en vijf wettelijke feestdagen.

Ze schreef:
ik wil je bitter graag zien
ik wil je bitter graag zien

Ze fluisterde:
ik wil niet zeggen
wat ik wil zeggen

Ze streelde:
ik heb veel aan je gedacht
te veel aan je gedacht,
en nog niet genoeg

zeg het opnieuw,
zeg het opnieuw...
zeg het nog één keer...

ik heb veel aan je gedacht
te veel aan je gedacht,
maar nooit genoeg

ach meisje...

Wij hebben het genoegen
In overleg met uw werkgever
U in kennis te stellen
    van de wens van de leden der commissies
en krachtens het reglement
tevens uw aandacht te vestigen
op de gepaste ernst
    van een degelijk ingevuld dossier.
Na ontvangst
zullen wij niet nalaten
de goede orde
    te doen geworden.
Vertrouwend u hiermee
te hoogachten,
    verblijven wij!

met je handen als water
en je stem als een golf
    kom, overstroom mij
met de klei van je lippen
en het slib van je blik
    overstroom mij
met je hals en je schouders
en de deining van je rug
    bevloei dit lijf,
    zet mij blank,

vocr mij mee,
ach...

Entomologische Berichten
La Société royale belge d'entomologie
British Journal of Insect Studies
Genuine Carolina –

Kom terug, gij.
Ge maakt u kapot.
D'er is iets.
'k Kan 't zien dat er iets is.
D'er is iets.

een bloemetjesjurk en onder water
trage slagen
on se déplace tout doucement
juste des cigarettes
haar bleekblauwe lijf
boven haar donkerblauwe schaduw
daaronder: een net van licht

Dankzij veelvuldige.
Met de gewaardeerde.
Zonder dewelke.
    Kwijt ik mij aangenaam.
Al vele jaren.
Vaak belangeloos.
Eenieder die ooit.
Zijn laatste college.
    Wil ik daarom
Daarnaast was hij tevens

en bovendien ook dikwijls
in niet geringe mate
    Daarom is het
    Daarom staan wij
    Daarom hier vandaag

ach...

op het hoofd de kruik gelicht
in gedienstig evenwicht
spoedig sterft het laatste licht

Nee, nee, nee – alstublieft!

Tussen rieten muren
wenken reeds de eerste vuren
Tussen rieten muren
wenken reeds de eerste vuren
Tussen rieten muren
    (tussen rieten muren)

Sssshht...
Mm?
Sssssssshht...

Nawoord

die Siel van die Mier dankt zijn titel aan de gelijknamige artikelenreeks die Eugène Marais in 1925 en 1926 voor *Die Huisgenoot* schreef en die in 1933 als boek verscheen. Onderdelen van de 'Veldnotities' gaan terug op het vijftiende hoofdstuk van *die Siel van die Mier,* waarin Marais beschrijft hoe hij in een verlaten huis de koningin drie dagen lang in haar cel observeerde. Hij was wellicht de eerste die het leegzuigen van de koningin beschreef, al ontging hem de betekenis ervan doordat hij de uiteindelijke evacuatie nooit heeft gezien. Het was de Zuid-Afrikaanse entomoloog Erik Holm die me hierop wees. De plaats van termieten in diverse Afrikaanse kosmologieën werd voor mij ontsloten door de verhalenverzamelaarster Hélène de Villiers. Zij vestigde mijn aandacht op het werk van Hermann Baumann, *Schöpfung und Urzeit des Menschen im Mythus der afrikanischen Völker* (Berlijn, 1936), waaruit ik putte voor het gedicht 'De orde der termieten'. Deze laatste tekst bevat eveneens flarden uit Marais' gedichten 'Die smid', 'Skoppensboer' en 'Mabalêl'. Voor een indruk van het termietenonderzoek in Congo kort na de onafhankelijkheid was A. Bouillon (red.) *Etudes sur les termites africains. Un colloque international, Université Lavanium, Léopoldville, 11-16 mai 1964* (Parijs, 1964) onmisbaar. Ik dank Het Beschrijf voor de facilitaire ondersteuning, Geert Buelens voor het nalezen, Wouter Detavernier voor de dagen in Kinshasa en mijn vader voor de verhalen over Congo.

Brussel, maart 2004

Missie

Pray that your loneliness may spur you into finding something to live for, great enough to die for.

Dag Hammarskjöld

Proloog

Als ik met verlof ga
om wat te *souffleren* zo...

als ge dan thuis zijt,
die eerste dagen,
die eerste weken,
ge kunt geen krant zien.
Niks. Dat gaat niet.

Ge zijt moe, leeg, *geëpuiseerd*.

En ik logeer dan bij mijn oudste broer, die ook priester is. Hij was professor aan het Klein-Seminarie, maar nu niet meer, allang niet meer, nu is-ie deken bij ons in het bisdom. Bij hem voel ik me thuis. Weet ge, bij mijn jongere broers en zussen ben ik ook welkom, daar niet van, maar die hebben een gezin, een vrouw en kinders, da's toch anders. Ge kunt daar niet zo in de schuiven gaan zitten. Bij mijn oudste broer... We kunnen dan wat pastoraal praten en wat samen bidden, samen pastoraal praten. Dat is in België ook niet evident.

Maar geen kranten, nee.
Ge ziet dan vooral mensen, hé.
Mijn zus in 't rusthuis, natuurlijk.
Mijn jongere broers en zussen en hun families.

Laatste keer was mijn jongste broer aan het scheiden. Veel mee gesproken toen... Dat is... tja. Dat is iets, hé.
Of een nichtje dat net een kindje gekregen heeft.
Meer dan 120 visites heb ik afgelegd, vorige keer. Dat is feitelijk te veel, hé.
En ge gaat een keer naar het graf van uw ouders.
En ge preekt een keer hier of daar, in de parochie moogt ge dan nog een keer preken.
Zeven minuten. Niet meer. In Europa mag dat niet meer zijn.
Ik zeg dan: 'Zeven minuten? Ik doe dat niet.'
'Allez, voor u tien minuten, omdat ge missionaris zijt.'

Drie minuten extra, omdat ik al 48 jaar in Congo zit.

Dat valt me wel vaker op, dat mensen zeggen 'ah, gij zijt missionaris, vertelt een keer', en dan luisteren ze, maar na vijf minuten beginnen ze al zelf te vertellen. Over de school van hun kinders en dat de weg daar naartoe zo *dangereus* is. Ge móest eens weten, denk ik dan. Al die auto's, zeggen ze, 't is echt niet meer te doen. En dus brengen ze hun kleine zelf maar met de auto...
Dangereuze wegen... wees blij dat ge wegen hebt, ja! In Congo zijn er geen meer. Ik heb het zien veranderen. Toen ik er aankwam, kondt gij van de ene kant van Congo naar de andere kant rijden. Van Boma aan de zee naar Moba aan het Tanganyikameer. Da's ongeveer heel West-Europa door. Of van Elisabethville naar Léopoldville, zonder probleem. Maar nu niet meer. Nu moet ge een versleten vliegerke nemen waarvan de zetels soms vervangen zijn door plastieken tuinstoelen en dan zit ge tussen de *mamans* die als handbagage stapels maniokbla-

deren mee hebben, zo'n bussels, enfin 't is eerder hoofdbagage, en dan zijt ge al blij dat er een vliegveld ligt zonder al te grote putten in de landingspiste. Maar ja toch! En ik zeg u, ge kunt beter landen op zand dan op asfalt, want dat zand, dat kunnen ze nog rechttrekken met een paar als 't moet, maar asfalt daar beginnen ze niet meer aan. Zelfs in Kinshasa, hé, zelfs op de luchthaven van N'Djili. Ge hebt dat toch gemerkt als ge daar geland zijt? 't Is precies een patattenveld waarop dat gij neerdavert. 't Schijnt dat Air France en Sabena, enfin, SN, of nee, ze zijn nu weer veranderd van naam, 't schijnt dat die mannen de banden van hun toestellen waarmee ze op Kinshasa vliegen drie keer zo rap moeten vervangen als elders. Omdat die tarmac – daar – helemaal – met die putten – nu ja. *Nids de poule* noemen ze dat hier, die gaten in het wegdek, kiekennesten.
En de paar wegen die er wel nog zijn,
de wegen die er wel nog liggen
maar ge hebt geen gedacht...
Gaten, putten, verspoelingen, manneke toch...
Als gij van hier naar Walikale rijdt, of pak nog maar naar Masisi,
ge moet zo ver nog niet lopen, gewoon Masisi,
maar ge doet daar een hele dag over,
bon, als er tenminste niet gevochten wordt.
Een hele dag. Minstens!
Met een *quat' fois quatre*, hé!
En dat is nog geen vijftig kilometer.
Soms zit ge helemaal vast in de modder.
En dan prijst ge u gelukkig dat ge vlak bij een dorp zijt.
Dat er mensen u komen helpen om te duwen of om u los te graven.

Want met u en uw passagiers krijgt ge zo'n spel niet rap los.
En die dorpelingen, die geeft ge dan achteraf een paar honderd Congolese francs.
Totdat het u op begint te vallen dat de grootste kuilen áltijd in de buurt van de dorpen liggen.
En dat ze daar toch wel opvallend rap staan met hun schop om u uit te graven.
Totdat ge beseft dat de schoppen waarmee ze u losgraven, misschien wel dezelfde zijn waarmee ze een week eerder die put zélf hebben gegraven.
Ha ja, hoe zoudt ge zelf zijn? Geef toe! Als ge geen geld hebt!
Een paar honderd Congolese frank *pourboire*: er zijn gezinnen die daarvan leven.
Pater Bontinck zei altijd: 'De Congolezen zijn een volk van grote krijgers!' *(toont een smekend handgebaar dat de tweede betekenis van 'krijger' duidelijk maakt)*

En ook militairen, hé, langs die wegen.
Gelijk acht jaar geleden, met een confrater van mij, père Gilbert.
's Avonds, 't was nog niet eens donker.
Hij was op weg van Goma naar Bukavu.
Met drie catechisten.
Voor een retraite in ons provincialaat.
Da's nu toch geen bospad, hé, die weg is zeer slecht maar hij verbindt wel twee provinciehoofdsteden. Nog geen zestig kilometer. Door het woud, over de bergen, langs het meer.
We weten niet hoe het gegaan is. Ze waren met vieren. Niemand heeft het overleefd.

's Ochtends kregen we bericht dat hun jeep gevonden was en dat ze ernaast lagen.
Mai-Mai? FDLR? Mannen van het RPF die de grens waren overgestoken?
Ge weet dat niet, ge weet dat nooit.
Gilbert, dat was er een uit de Kempen, van de kanten van Herentals zo.

Dat de weg naar de school van hun kind onveilig is... tsk! En over hun huis en hun verbouwing, daar beginnen ze ook altijd over. Ze zijn altijd wel iets aan het verbouwen als ik in België ben. Dat gaat daar in modes, geloof ik. Is het niet waar misschien? Vorige keer was het aan de badkamers. En daarvoor hadden ze allemaal een nieuwe frigo. En de keer daarvoor... och, manneke toch.

Is dat waar dat ge nu al van die ligbaden hebt met van die *broebelingskes*, zo van onder? En stortbaden met zes, zeven koppen die naar alle kanten uit spuiten? Naar uw oksels en zo? Allez, de Vlamingen van nu zijn toch niet vuiler dan vijftig jaar geleden toen ze nog op 't veld werkten? Ik durf dat hier niet te vertellen aan mijn mensen. Ziet ge 't al voor u? Een bad met *broebelingskes*... ze zouden nogal lachen zeker. Tot ik verklap dat het zoveel kost als vijf jaarlonen van hen.

Wij hebben eigenlijk geen klagen daarvan, hier. Bijna alle dagen is er water. En achter een eind zijt gij dat ook gewoon, dat koud stortbad. Na al die jaren... bon ja, dat is koud, maar... ge verliest er in ieder geval geen tijd mee. En ja, der is wel vaak geen *courant*, om de twee dagen valt dat hier plat, da's ambetant, vooral als ge op de computer aan het werken zijt, want dan zijt ge alles kwijt en moogt ge herbeginnen. Maar als ge dertig jaar brousse hebt gedaan zonder elektriek... Der-tig jaar! Wat zoudt ge dan sukkelen voor een *coupure de courant* van een paar uur?

En als ge al een paar weken met verlof zijt, bladert ge al een keer door de gazet,
maar nog steeds zonder iets te lezen. Hoogstens wat koppen links of rechts.
En na nog een paar weken leest ge de berichten over Afrika zo, dat volgt ge dan wat.
Ge kent dat. Daar begint ge mee.
En een beetje later ook over de rest van de derde wereld.
Inde, *Amérique latine*, *le Brésil*, bon, al die landen.
Daar zitten uw confraters.
En pas na een maand of twee begint ge de Belgische politiek zo weer wat te volgen. Niet eerder.
En tegen dat ik terug naar hier moet, weet ik dan weer ongeveer wie dat er allemaal minister is in België en waarover dat ze nu eigenlijk ruziemaken;

En bon, en dan vertrekt ge opnieuw, opnieuw voor drie jaar.

(intermezzo, zingt iets liturgisch)

Straks komen ze hier toe, onze aspiranten. 't Zijn er negentien dit jaar. Jongens vanuit de streek hier zo. Die voelen zich geroepen. Da's schoon, dat. Die jonge mensen hier... Hier hebt ge nog jonge mensen, hé. In België, allez... die paar bejaarden bij mekaar... De kerken zitten leeg en de gevangenissen vol.

Maar ge moet die 200 procent *confiance* geven. Hun *propédeutique* duurt één jaar. Wat is dat eigenlijk, missionaris zijn? Bidden, hoe doet ge dat? Daar hou ik mij mee bezig. Hun Frans moet ook verbeteren, want met dat onderwijs hier... En ook een beetje Bijbel en een beetje *culture générale.* En *leur apprendre à vivre en communauté, la fraternité*, *découvrir les exigences missionaires*, al die dingen.

Om vier uur staan ze hier. Ik heb nog veel werk.

Deel 1

ROEPING

Missionaris worden, dat is iets raars. Ik zat op het college, het Sint-Amandscollege bij ons, en ik deed niet eens Latijn. Gewoon, moderne-wiskunde. Ik was nogal een flierefluiter, als ik dat nu hoor, nogal *werelds* blijkbaar. Ik ging graag uit, ba ja. Ik ging met de meiskes om en al zulks. En op een bepaald moment ook een serieus lief. Maar in de poësis hadden wij retraite met een pater. Pater Fernand. En wij namen dat behoorlijk serieus. Wij waren op zoek. En Pater Fernand zei: ‘Ge staat aan het begin van uw volwassen leven, ge zijt jong en ge hebt plannen. Dat is goed, ge moet plannen maken. Maar misschien heeft Onzelievenheer ook wel plannen met u.’ Dat was eigenlijk zeer simpel; ik ben dat nooit vergeten. ‘Ewel,’ zei-die, ‘ge moet zijn gedacht vragen, ge moet vragen: wat wilde gij dat ik doe? En daarom wil ik dat gij na de conferentie hier naar de kapel gaat om te vragen wat dat Onzelievenheer wil van u.’ En toen is dat duidelijk geworden.

Mijn vader was kolenmarchand, ziede. En mijn moeder, die kwam uit een cafégezin. Zeer christelijke mensen, allebei. Ze hadden gehoopt dat ik ingenieur zou worden of vétérinaire, in ieder geval iets om de mensen mee te helpen, allez, de mensen van bij ons zo, niet aan de andere kant van de wereld... Maar ik was gewoon om tussen de zwarten te zitten, hé. Haja, een kolenmarchand.

Bon.

In die kapel, wel... Hoe moet ik dat zeggen? Ik ben gewoon beginnen wenen. Een kerel van zeventien jaar, hé. En daar staan wenen gelijk een klein kind, terwijl die van uw klas vier rijen verder zich zitten af te vragen of ze nu beenhouwer of facteur moeten worden.
Kapel uit gegaan. Maar allez, Grégoire, welke rare gedachten heb ik hier nu? Gij zijt zeventien jaar, ge hebt een lief dat ge geren ziet. Zo dat gevoel dat ge gelijk móet, dat 't niet anders kan. Ik heb altijd gezegd dat ik priester geworden ben van moeten. Raar hé, een zeer raar gevoel is dat.
En ik ben daar met mijn klastitularis over gaan spreken, dat was ook een priester, iemand die veel heeft gedaan voor de basketbal in West-Vlaanderen. Ik durfde dat thuis niet te zeggen, aan niemand niet. Ik was nogal *hesitant*. Maar mijn titularis zei: 'Probeer te bidden. Zet dat niet uit uw hoofd, probeer dat stillekesaan te aanvaarden. Ge zult wel zien.'
En ik heb dat een heel jaar voor mij gehouden. Ik sprak er met niemand niet over. Met mijn ouders zeker niet. Ik heb dat pas gezegd op de dag van het bal van de zesdejaars, helemaal op het eind van 't schooljaar, bij het begin van de zomer. Ik mocht niet gaan, maar ik wou wel.

(klopt)
'Pa... ma...'
Pa: 'M'enfin, Grégoire, zijt gij daar weer? Neen is toch gewoon neen. Wat krijgen we nu?'
'Maar pa!'

Pa: 'Wadde? Vraag 't aan moedere.'
'Maar 't ga niet over dat bal!'
Pa: 'Ah! Wat dan wel?'
'Ik moet iets zeggen.'
Ma: 'Ah ja?'
'Iets waar dat ik allang mee zit. Maar ik weet niet...'
Ma: 'Gaat 't over dingske, allez, hoe noemt ze weer, over Alice?'
'Ook, ja. Voor een deel.'
Pa: 'Wie is dat, Alice? Moedere!'
Ma: 'De oudste van bij Mestdagh. En ge moet zo niet roepen.'
Pa: 'Zeg niet dat 't over die Alice gaat, hé, manneke! Doe ons dat niet aan, hé. Durf uw ouders dat niet aan te doen, zunne. De Mestdaghs, begod... Ik ben er juist nog een camion kolen gaan leveren.'
Ma: 'Pa...'
Pa: 'Hóe lang zit ge der al mee?'
'Een jaar, meer of een jaar.'
Pa: 'Een jaar?! Meer of een jaar? Ho, hoho! Maar dan is 't goed.'
Ma: 'Maar wat is 't dan, jongen?'
'Ik heb zo zitten peinzen. Ik heb zitten peinzen over mijn plannen voor 't naaste jaar.'
Pa: 'Ha, nu hoor ik u klappen, zie. 't Werd tijd, 't is al grote congé! En gij waart nog altijd...'
Ma: 'Maar laat hem nu toch een keer uitspreken.'
'Ewel, ik heb wel een paar plannen, maar ik peins dat Onzelievenheer ook een paar plannen heeft met mij.'
(stilte)
Pa: 'M'enfin, Grégoire! Gij!'
'Ik peins dat ik lijk missionaris ga worden.'

Ma: 'Missionaris dan nog!'
Pa: 'Allez jong, we hebben der al enen aan Onzelievenheer gegeven! 't Is genoeg geweest, hé, manneke. Wij hebben der al enen gegeven... Nee, nee, gij moet wat anders doen. En daarbij, gij, dat kan niet. Gij zijt niet 'tzelfde als uw broer, gij.'
'Nee, nee, da's waar. Hij zit in Roeselare, maar ik wil naar Afrika.'
Ma: 'Naar Afrika? Maar jongen toch!'
Pa: 'Dat heeft een lief, dat gaat uit, dat biljart en dat wilt nu ineens naar de negers! Maar zet dat toch uit uwen kop, jong. Waar zitten uw gedachten feitelijk?'
''t zijn de Witte Paters waar da'k aan peinze. Die zitten surtout in 't oosten van Congo, de kanten van Boudewijnstad en Costermansville.'
Pa: 'Ge hebt u precies al laten inlichten.'
'Baja, een beetje.'
Ma: 'Maar word dan toch gewoon paster hier op de parochie. En als g'oud zijt, ga'k voor u zorgen.'
(stilte)
Ma: 'We gaan voor u lezen van den avond.'
Pa: 'Peinst er nog een keer over.'
Ma: 'En van den nacht ook. We gaan vele voor u lezen.'
Pa: 'Ja, en ga nu maar naar dat bal, gij. Allez how! 't Kan nu toch geen kwaad meer.'

Maar ik was laat. Het was al zomer. Normaal moest ge al een jaar op voorhand op retraite gaan bij de Witte Paters, zodat ze uw motivatie konden leren kennen. In de kerstvakantie, in de paasvakantie... gaan praten, gaan bidden, gaan leven in communauteit. Ik had dat allemaal niet gedaan.

En Alice was ook nog een keer een serieus lief inmiddels. Wij waren al vree sterk aan het vrijen.
En toen is er een Witte Pater bij ons thuis gekomen om met mijn vader te praten in de bureau. Mijn vader vertelde hem wat voor een flierefluiter ik was, maar dat vond hij niet erg, integendeel. Hij zei: 'Ge moogt binnenkomen, gij, maar ge moet ophouden met dat meiske.' Ik heb dat twee jaar geprobeerd, dat ophouden.

(zwijgt, neuriet)

Ik had onmiddellijk met haar gebroken, ge moet daar eerlijk in zijn. Ze zei: 'Missionaris van Afrika? 'k Peinsde het al dat het zoiets ging zijn met u, da's raar, hé, 'k dacht al dat ik u ging verliezen.' Maar niettegenstaande dat zij veel hartpijn had, heeft ze me geweldig gesteund. 'Als ge peinst dat ge dat moet doen, dan moet gij dat doen.'

Die eerste twee jaar zat ik in Boechout bij Antwerpen, daar heb ik mijn filosofie gedaan. De seminaristen hadden daar een orkest met de paters. Meegespeeld.

Come on
Let's twist again
like we did last summer
YEAH!
Let's twist again
like we did last year

Do you remember when
things were really hummin'

YEAH!
Let's twist again
twistin' time is here

Eeah!
Roun'a'roun'an up'n'down
we go again
oh baby make me know
you love me so and then!

Bon, dat was Boechout.
En daarna het provincialaat in Varsenare, één jaar, dat was heel serieus.
En dan, natuurlijk, mijn vier jaar noviciaat in Heverlee.

En als ik al een paar jaar binnen was, zei dat lief van mij: 'Hoe zit dat, komde gij nog terug of niet? Want ik heb wel iemand op het oog.' Ik heb geschreven: 'Meiske, pakt gij maar dendien die gij op het oog hebt. Ik kom niet terug. Als 't God belieft, zal ik priester en missionaris worden.' Ik was diep-christelijk, maar zonder ooit een pilaarbijter te zijn geweest. En nog altijd niet. Ik wou de Afrikaanse mens helpen. In den ouden tijd was dat voor Kerk en Vaderland, maar voor mij was dat voor Afrika. Ik wou daar gaan waar Jezus het minst van al gekend was.

En ik wou bij de Witte Paters, absoluut, omdat die in communauteit leven, ziede. Die werken altijd samen, ge zijt altijd minstens met zijn drieën. Hoe ging 't weer? *Nunquam solus*, nee, *Raro solus*, *nunquam duo*, *semper tres.* Zoiets. Dat Latijn van mij... Het priesterschap sprak mij aan, maar dat alleen zijn, ik vond dat... En ook omdat die zo internationaal waren. De Kerk is internationaal; de echte Kerk dénkt internationaal. Ik heb altijd met andere mensen samengewerkt, mensen van overal. En dat is mooi, dat.

Mijn priesterwijding was in 1956, door Mgr. De Smet. Dat is echt de definitieve stap. Zal 't gaan, zal 't niet gaan? Ge weet niet wat dat eigenlijk is, dat celibaat en dinges. Ge hebt altijd...
Om zes uur is het donker, hé, in Congo. En dan gaat ge nog niet slapen, allez, ge gaat toch niet voor een uur of negen, tien slapen. Een keer zat ik een aantal weken alleen op de missie. En dan drinkt ge een glas whisky, maar een uur later is dat weer leeg. En dan schenkt ge er nog een in. En dat begint dan te smaken... Ja, dan moet ge toch opletten.

Nu wordt dat moeilijker, dat altijd met zijn drieën zijn. Wij zijn niet meer met genoeg voor al 't werk dat er is.

Als ik in België ben, probeer ik haar te zien. Da's een van die 120 bezoeken, maar tegen die afspraak zie ik nooit op, nee. We gaan dan een koffie drinken in een taverne. Ze is getrouwd en heeft vier grote kinders. Drie keer grootmoeder zelfs ondertussen. Ze vraagt me dan om te vertellen, over het werk dat ik hier doe en mijn geloof. Zij begint niet over haar nieuwe oven of frigo. En als ze dan even opstaat om naar het toilet te gaan, dan kijk ik door het raam, naar het verkeer en de mensen die *commissies* doen.
Ik weet niet of dat ze gelukkig is, ik vraag dat niet.
Hoewel, de laatste keer...

Soms denk ik...
Toen zag ze er zo een beetje, een beetje stillekes uit... Ik weet het niet, een mens weet dat niet.
Haar man heeft een hoge functie bij de Boerenbond gehad.
Ik geloof dat haar oudsten voor Broederlijk Delen werkt in Brussel.

OORLOGEN

Zes oorlogen. Zes oorlogen heb ik al meegemaakt, onze Tweede Wereldoorlog niet eens meegeteld. In '60 met de onafhankelijkheid en dan de rebellie van Mulele in '64 en Schramme daarachter, en het gezever van Mobutu in de jaren zeventig en tachtig, dat was minder *méchant*, maar toch... En dan de genocide in '94, dat hebben wij zeer goed gevoeld, en dan de invallen van Rwanda in '96 en '98. Hier in Goma duurt die onrust door tot op vandaag hé, met die Interahamwe in de bossen en Nkunda die daartegen vecht en 't regeringsleger. Vorige week nog, vijfentachtig doden, hier! vlakbij! Al die dorpen die geplunderd werden, al die *violeringen*, meer dan 300.000 *gedeplaceerden*. Och, ik ben de tel kwijt, 't zijn er meer dan zes.

VERTREK

In 1959 ben ik vertrokken. Met de vlieger, dat ging toen al met de vlieger. Ik heb toen voor het eerst 't Atomium gezien, vanuit de lucht. Vroeger met de Congoboot, dat moet iets geweest zijn. Met uw koffers en al. En uw baard die dan afgeschoren werd als ge de evenaar overstak. En groene zeep... Ik vloog in één trek, met Sabena. Van Zaventem naar Léo en dan gelijk door naar Elisa-

bethville en vandaar naar Boudewijnstad. Dat heet nu Moba.
Mijn moeder was er niet gerust in, maar ze heeft me niet tegengehouden, integendeel. Later zei ze: 'Na je eerste vertrek heb ik drie nachten niet kunnen slapen. En pa ook niet!' Maar ze hebben mij altijd gesteund. Zij zijn de bron van mijn missionaris-zijn. Ik werd benoemd in het Klein Seminarie. Op dinsdagavond kwam ik toe en op woensdag mocht ik al beginnen. Lesgeven, van alles. Geschiedenis, filosofie, *géographie*, *théologie* en al zulks. Behalve Nederlands, dat mocht ik niet geven, omdat ik West-Vlaming was. Ik heb ze dan Grieks gegeven en Hebreeuws, dat mocht wel. En Frans, dat mocht ook. Alleen geen Nederlands.

Dat heb ik niet zo lang gedaan, maar een jaar of zes, denk ik. En in '65 zat ik in ons college in Kapulo, le Grand Séminaire St Thomas d'Aquin du Vicariat du Haut-Congo. En dan Kirungu natuurlijk. Daar zat ik vierentwintig jaar, daar was ik zeer graag, langs dat meer zo. In 1990 ben ik naar Bunyakiri gegaan. Dat was in volle brousse, er was daar niks, geen wegen, geen water, niks. Maar op een goeie dag zei de provinciaal tegen mij: 'We hebben aan iets anders gedacht voor u.'
En ik zei: 'Maar laat mij toch hier, ik ben hier nog maar zes jaar.'
'Jamaar,' zei hij, 'wij willen in Goma een *propédeutique* beginnen voor toekomstige zwarte Witte Paters, een vormingsinstituut, als voorbereiding voordat ze de filosofie beginnen. Daar is nood aan.'
Ik zei: 'Maar ik ken daar niets van. Pakt een jonge pater daarvoor.'

En hij zei: 'Maar gij zíjt een jonge pater.'
'Ja,' zeg ik, 'dat hoor ik nu al dertig jaar.'
'Maar gij kent dat toch,' zei hij, 'wat dat gij doet, da's het werk van de eerste christenen. Improviseren, gemeenschap vormen, zoeken. 't Zal wel gaan.'
En ik zei: 'Bon, ja bon. Als gij dat zegt. Ik sta ten dienste van de congregatie. Als gij denkt...' En toen zijn we gestart met die *propédeutique* in Goma. En zo ben ik hier gekomen.
Eerst was er hier niets, helemaal niets. En toen die oorlog en die vulkaan. Maar nu, bon, deze refter hier. Een paar plantjes, een paar foto's aan de muur, dat toont al direct heel wat anders. En een zithoek. Met wat tijdschriften. *Jeune Afrique*, *le Journal du Citoyen*, *Ecclesiastica romana*, *Ons Erfdeel.* Elke avond na het eten kijken wij samen naar het nieuws op TV5. We hebben een *antenne parabolique.* Onze aspiranten moeten van de wereld weten, anders kunt gij geen missionaris zijn. Dat zal ik hun straks bij de rondleiding zeggen. Maar der is ook een pingpongzaal, want ge moet ook kunnen ontspannen. Er wordt hier veel gelachen.
In 2002 zijn we mogen herbeginnen, na die vulkaanuitbarsting. Heel de stad onder de lava. Bij ons ook. Bij de zusters verderop minder, maar hier. Wat nu het gelijkvloers is, was vroeger de eerste verdieping. Dat was helemaal... weg, verzwolgen... We hebben een nieuwe deur gestoken, dat was hier een raam vroeger, en we zijn herbegonnen. Misschien gaan we der ooit nog een nieuw verdiep bovenop zetten.

(leest het prentje van zijn afreis voor)
'Groot is de oogst, weinig talrijk de arbeiders.'

'Dit als aandenken bij mijn afreis naar 't verre missieland uit dankbaarheid voor alles wat Gij voor me deedt en nog zult doen om het Godsrijk te helpen uitbreiden.'
Schoon, hé! Ik vind dat nog altijd schoon.
'De Heer wil mijn schreden richten naar het missieveld van Boudewijnstad, met zijn 60 priesters voor een land dat meer dan driemaal zoo groot is als België en waar de menschen in ellende leven voor tijd en eeuwigheid.'
'U dankend voor den milden steun. Pater Grégoire Vanneste, der Missionarissen van Afrika (Witte Paters). Postrekening 718.15.'

(kijkt op achterzijde naar fotootje van zichzelf, vijftig jaar geleden)
Aan uw zeventien jaar zo'n keuze maken... maar die hónger was er, hé. Ge kunt dat niet tegenhouden. Vorige jaar was de vijftigste verjaardag van mijn wijding. Ik heb dat laten passeren. 's Avonds hebben we met de confraters achter 't eten een bolleke kaas aangesneden en een glazeke port gedronken, ook al was het nog geen zondag. Dat was het. En dat heeft gesmaakt, dat was lekker. 'Allez, nog een keer vijftig jaar,' lachten we.

Toen ik hier toekwam in '59, met die onlusten. Lumumba, dat was... Ge moogt dat niet luid zeggen, hé, maar dat was een *salaud*, hé, een regelrechte *salaud*. Hij heeft zoveel kapotgemaakt, hij heeft de zwarten zo opgehitst tegen de blanken. Dat was nergens voor nodig.
En dan in '64, met de opstand van de Simba's, dat was erg. Al die religieuzen die toen vermoord werden en in de rivier gesmeten. Door dronkenlappen, nog niet eens omwille van hun geloof.

Mobutu, dat was niet echt een oorlog, maar die zaïrianisatie van het onderwijs, dat is verschrikkelijk geweest. Overal moesten er van hem zwarte onderwijzers komen, dat was dan *authenticité*. Behalve in zijn eigen streek: dan kregen zijn kinders tenminste goed onderwijs. In het college werd er bij ons een Kasaïen benoemd, zo'n Luba met een veel te luide stem. En die zei... Weet gij wat die durfde te zeggen? Hij zei, tegen de leerlingen, hé: *Qu'est-ce que c'est l'objectif de l'homme? C'est de coucher avec autant de femmes possible.* Och, dat was een echte smeerlap, dat, een echte, smerige typ. In elke klas had die spionnen zitten. En de kruisbeelden die werden verbrand. Mobutu was bang van de Kerk: in het binnenland stonden wij heel sterk, maar zelf ging hij iedere dag naar de mis. Zijn aalmoezenier was een Scheutist.
En in '94, achter de genocide, kwamen die Hutu's uit Rwanda die daar zo 'hun best' hadden gedaan hier in de vluchtelingenkampen zitten.
En in '96 kwamen de Tutsi's ze verjagen en stootten ze en passant ook nog een keer Mobutu van zijnen troon. Kabila, dat was een pion van de Tutsi's, hé, maar de mensen waren blij dat ze eindelijk van dien *vieux léopard* verlost waren.
In '98 probeerden de Rwandezen nog een keer hetzelfde trucje, maar toen had niemand hier nog goesting in oorlog en juist daarom heeft dat zo lang geduurd. Tot 2002, zogezeid. Toen was er dat vredesakkoord, maar dat bestond hier alleen op papier. We hebben nu die *élections* gehad, maar eigenlijk duurt den oorlog hier nog altijd voort. Met al die rijkdom hier, tin, coltan, goud, *cuivre*, kobalt, diamant. Een klein groepje mensen is er

hier zeer mee gediend dat de boel niet te stabiel wordt. Ge ziet dat van hier!

BROUSSARD
(gsm rinkelt)

Wacht efkes.

(We horen hem een gesprek voeren in vloeiend Swahili, waarin we hier en daar woorden herkennen: hôpital, chirurgien, opération. Verder de gekende pauzes en 'éhs', 'mm' en 'éh tsk'. Hij spreekt dwingend en kordaat, maar hartelijk. Al schaterlachend wordt er afgesloten.

Oui!
Cest lui-même!
Hm.
Je t'écoute.
Hm.
Ee.
Ee.
Ouf! C'est arrivé quand, çà?
(bezorgd) Quoi? De quelle hauteur, tu dis?
Cinq mètres! Bon dieu. Mais il est toujours *conscient?*
Il parle toujours?
Heureusement. Et est-ce qu'il sait bouger ses pieds? Demande-lui s'il sait bouger ses pieds!
Bin non, je sais qu'il ne peut plus marcher, tu viens de me le dire, sinon tu ne m'aurais pas téléphoné. Mais je voudrais juste...
(verbolgener)
Oui! Non! Demande lui juste de bouger les pieds. *Juste les pieds, pas les jambes.*

En mo joengers toch! Zo moeilijk kan dat toch niet... Il est là? Il est avec toi? Oui?
Passe le.
Oui, j'attends.
(pauze)
Djodjo? Oui, c'est le *père Grégoire* ici. Oui. Oui. Oui, ça va aller. T'inquiète pas. Dis-moi tout simplement si tu sais bouger tes pieds.
Oui. Juste les pieds.
Ee.
Ee.
Tous les deux?
Et la jambe droite?
Bon, bon. Heureusement, *que le Seigneur soit loué.* Tu ne t'es pas cassé le dos. Tes vertèbres sont intacts. Tu ne seras pas *paralysé.* C'est pas grave. Tu t'es sans doute juste cassé la jambe.
Ça va, ça va.
Oui, passe-le.
(pauze)
Serge, oui, ça va aller. Rien de grave. Il ne sera pas *paralysé.*
Ammène-le à *l'hôpital.* Qu'il demande après *le père Baudouin. Oui comme le roi. Exactement.* Lui, c'est *l'aumônier,* mais il connaît le *chirurgien.*
Non, je ne sais pas s'il faut une *opération,* mais lui il est bien.
Ee.
Ee.
Mm. Mm.
Mais qu'est ce qu'il foutait sur cet *échafaudage?*
Ah, la maison de sa tante, hé.

Et il fait ça tout seul?
Tu l'aides?
Ah, c'est bien ça.
La prochaine fois, faut pas le frapper si fort, hé, toi.
Avec toute ta violence. Je te connais, dis!
Hahaha!
Vraiment.
Vraiment.
En tout cas.
Père Baudouin, oui, c'est ça.
Au revoir.
Oui, toi aussi.

(*in het Swahili:*
Ndiyo!
Ni yeye peke!
Hm.
Nakusikiya.
Ouf! Imefika wakati gani?
Nini? Ya urdu gani? Unasema?
Cinq mètres! Mungu wangu! Lakini akuzimiya?
Akingali anasema?
Ni bahatu kubwa. Anaweza kutingiza vidole vya miguu?
Umuambiye apima kutingiza vidole vya miguu!
Hapana, najuwa kama hawezi kutembeya, ndiyo vile unamaliza kuniambiya, bila vile haungeli ita ku telephone.
Lakini nilipenda tu...
Ndiyo! Hapana! Umuambiye apime tu kutingiza vidole vya miguu. *Juste les pieds, pas les jambes.*
En mo joengers toch! Zo moeilijk kan dat toch niet...
Iko pale? Iko na weye?

Umupatiye.
Ndiyo. Nachunga.
(pauze)
Djodjo? Ndiyo. Hapa ni Père Grégoire. Ndiyo.
Ndiyo. Ndiyo, itakuwa sawa.
Usiogope. Uniambiye tu kama unaweza
Kutinigiza vidole vya miguu.
Ndiyo. Vidole tu vya miguu.
Miguu yote mbili?
Na muguu wa kuume?
Sawa, sawa. Ni bahati kubwa, *que le Seigneur soit loué*.
Haukuvunjika mgongo. Mifupa yako ya mgongo ziko sawa.
Hautapohoza mwili. Hakuna shida kabambi.
Ulivunika tu muguu.
Ni sawa, ni sawa.
Ndiyo, umupatiye.
(pauze)
Serge, ndiyo, itakuwa sawa. Hakuna shida kabambi. Hatapohoza mwili.
Umupeleke ku hoptiali. Aulize père Baudouin.
Oui comme le roi.
Exactement.
Yeye ni aumônier, anamujuwa *chirurgien.*
Hapana, sijuwe kama inafaa opération, lakini yeye iko mtu mzuri.
Lakini alikuwa anafanya nini yulu ya *échafaudage.*
Ah, nyumba ya shangazi yake, hé.
Na alifanya vile peke yake?
Unamusaidiya?
Ah, vile ni sawa. Mara ingine, hapana kupiga nguvu sana hé,

Weye. Na makali yako. Nakujuwa, sema!
Vraiment.
En tout cas.
Père Baudouin, ndiyo, ni vile.
Au revoir.
Ndiyo, na we pia.)

Een van onze novicen. Zijn neef is van de morgen van een stelling gevallen en kan niet meer lopen. Ik heb hem gezegd dat hij de volgende keer zo hard niet moet slaan. Ha! Maar hij kan zijn voeten nog bewegen, 't zal zo erg niet zijn.
Wat zoudt ge hier zonder gsm doen?
't Is een godsgeschenk.

Als ge niet veel luxe gewoon zijt, profiteert ge des te meer van een beetje comfort. Dat is toch zo. In Kirungu zat ik dertig jaar zonder elektriciteit, maar 's avonds had ik een *groupe électrogène.* En dan had ik een kleine *batterie* met een *chargeur* en dan kon ik mijn lampke doen branden. Om een beetje in het evangelie te lezen en mijn preek voor te bereiden. Ik moet dat toch altijd een beetje uitschrijven. Improviseren over het evangelie in het Swahili, dat blijf ik moeilijk vinden. En ge wilt ze echt iets meegeven, iets waar dat ze iets aan hebben, iets waar ze nog een heel eind kunnen over nadenken. Haja, want ze zagen me soms maar twee, drie keer per jaar.
Ik was een echte *broussard* toen en Kirungu, dat was iets speciaals. Dat was een enorme missiepost. Dat liep tot tegen de Zambiaanse grens. Formidabel. Als we van de missie naar beneden gingen, van Kirungu naar Lyapenda en Moliro, kunt ge als de weg goed is, maar dat is een

stuk reservaat en een stuk savanne, geen oerwoud, maar dat is... euh, in het regenseizoen kunt ge daar niet door, daar zijn geen bruggen, dat zijn moerassen, alleen van juni tot september kunt ge mensen gaan bezoeken over de weg, aan de kanten van Zambia. Dat zijn dus de Wabemba en zo, Moliro, Musosa en zo.

Dat was allemaal onze parochie! En daar waren meer dan vijftig communauteiten. Die werden geleid door een zwarte catechist. Bezielde, eenvoudige mensen zijn dat, mensen die gevormd zijn, mensen met vrouw en kinders. En die vormen een soort christelijk leiderschap in de dorpen. Zij bereiden de doopsels voor en het vormsel, en het huwelijk uiteraard. En dan ging ik langs, na de oogst, in het droogseizoen. Ik deed de sacramenten en de kerkraad. Drie keer per jaar.

Ik sliep en at bij de mensen. Dat is een beetje zoals de boeren in Vlaanderen honderd jaar geleden. De pot met eten wordt in het midden gezet. Twee potten, in feite. Eén voor de maniok en één voor het vlees. En de handen worden gewassen in een bassin. Gelukkig was ik altijd de eerste die zijn handen mocht wassen. Want maniok, dat plakt geweldig aan uw handen, hé, maniok gemengd met maïs veel minder, maar pure maniok...

En overal wordt er palmwijn gedronken, want ze zijn content dat de *père* er is. En de eerste keer, ik wist dat niet, dat gaat nogal zoet binnen. Maar als ge dan rechtstaat! Ik heb gezegd: bon, Grégoire, dat is nu de eerste en de laatste keer van uw leven dat ge zo zat zijt.

Ik ging meestal met de moto; want de meeste wegen waren *impracticable*, *même avec un quat' fois quatre.* Die streek was zo groot als West-Vlaanderen en daar waren toen twee auto's: die van de dokter en die van de missie.

Maar dat was niet te doen soms. Op een dag heb ik een keer dertien keer vastgezeten in het slijk, dertien keer! Terwijl, met de moto kon ik gewoon wegeltjes nemen, ziet ge. Ik reed met zo'n Yamaha 150 cc, da's goed, niet te zwaar. Want als ge een zwaardere hebt en ge valt en ge ligt langs zo'n pad waar maar één keer per dag iemand voorbijkomt en ge kunt uzelf niet meer overeind trekken... mens, in Congo kunt ge toeren tegenkomen. In panne vallen. Sukkelen. Wroetelen. Bronselen. Zot komen van de beestjes. Groot wild is er nauwelijks nog, door de oorlog hebben de mensen nu ongeveer alles opgegeten. Maar ook van die onnozele beestjes kunt ge veel last hebben. Van die *tinga tinga*, allez, hoe noemt ge dat in 't Vlaams, vlooien, ja! En zandvlooien die onder uw teennagels kruipen, dat ook. En muggen en punaises die u heeltergans leegzuigen. Ik wil niet te veel kritiek hebben op de schepping van Onzelievenheer, maar Hij had toch gerust wat minder van die beestjes mogen uitvinden.

God lieve deugd zeg!

Waar was ik gebleven?

Ik ben 't kwijt. *N'importe.*

Wat was ik nu aan het vertellen?

Ah ja, Kirungu. Mijn moto. Oh, maar ik ben váák gevallen met de moto, tientallen keren. Zo'n pad, da's eigenlijk een geul; dat water komt daarin. En ik weet niet waarom, maar ik viel altijd op links. Mijn linkerknie is eigenlijk kapot van 't vallen.

Op sommige plekken liet ik via de *phonie* op voorhand weten dat ik kwam, zodat ze een brug konden maken. Twee bomen naast elkaar, één voor mezelf en één voor de moto. En drie, vier meter lager was de rivier. Een zwarte is nooit nerveus, hé, maar ik wel. Lieve deugd, ik heb gezweet. Maar zij... dat is fantastisch, hé. Ik zou het niet gekund hebben.

Ge zoudt denken, een zwarte is een zwarte, maar het verschil in mentaliteit tussen de stammen, da's ongelooflijk! In Sola zeggen ze hun gedacht, dat zijn Bahemba daar. '*Mon père, quand on mange, on ne parle pas.*' Vlakaf. En in Kabalo waren dat Baluba uit Katanga, niet uit de Kasaï hé, die spreken Kiluba, geen Tshiluba. Die zijn veel kalmer, die zeggen niets. Die zouden vier jaar lang de kat uit de boom kijken met u maar daarna moogt gij hun alles vragen. Daar heb ik prachtige typen ontmoet. Ik had er een aantal *aides laïcs diocésains*, och, mocht ik die niet gehad hebben... En in Boudewijnstad zat ik bij de Wataba's. Die antwoorden altijd, die praten u naar de mond, maar ze doen niets. Maar ook daar heb ik een formidabele typ gehad, Pascal.

En in het regenseizoen hadden wij een *hors-bord* om naar beneden te gaan, naar Moliro, het uiterste punt van de parochie. Dat was 21 uren bootje. Allemaal ons parochie, let op: niet ons bisdom hé, maar onze parochie! 21 uur bootje. Dat gaat niet rap, dat gaat misschien 8 of 10 km per uur. Over de Lac Tanganyika, ge zoudt dat eens op een kaart moeten kunnen zien. Dat is fatigant, maar prachtig.
Natuurlijk, ge doet dat niet in een keer, ge bezoekt de scholen, de succursalen en de kapellekes onderweg. Dat waren safari's van soms drie weken dat ik weg bleef, helemaal alleen als blanke. En dan kwam ik op plaatsen waar voor het eerst een eucharistie gevierd werd. Een *ibadi*, zeggen ze hier. Oh, dat is zo schoon.

Hoe dat die mensen dan...
Van alle sacramenten is de eucharistie het mooiste.
De eucharistie... maar ja, dat is... zeker hier in Afrika. Dat zijn mensen die samenkomen, die verbondenheid, zoals bij de allereerste christenen. De Afrikaan is een gemeenschapsmens, hé. Dat is ongelooflijk. En dan de mis staan doen onder wat golfplaten en ondertussen een paar kindjes dopen.
En in 't regenseizoen,
als 't dan plotseling helemaal donker wordt overdag
en de dikke wolken die zich samenpakken,
alsof dat 't nacht is,
en die eerste druppels op dat zinken dak,
dop dop dop dop,
er zijn geen muren, alleen dat afdak,
en dan dat onweer dat losbarst,
bliksem, zo hard, de wereld die scheurt gelijk een oud hemd,
weerlicht, kraken, donder
en de regen die slaat en striemt,
want die druppels, die zijn dikker dan in België,
't zijn gelijk touwen of natte keitjes,
ongelooflijk vind ik dat, na al die jaren, nog steeds,
dat brute geweld, in die natuur,
die bomen,
die takken die zwiepen,
die plotse koelte,
en hoe al dat water van dat afdak stroomt,
plotseling hebt ge wel wanden aan uw kerk,
wanden van water
en het moment dat ge denkt dat de wereld nu echt vergaat,

slaat de regen nog wat harder…
en dan een beetje zingen samen,
met die mensen,
die allemaal hun schoon kleren hebben aangedaan,
want dat kunnen ze hier goed,
zelfs de grootste sukkelaar… op zondag…
een beetje zingen over die man die liefde is en, en, en…
ge kunt u dat niet voorstellen
als ge daar niet geweest zijt, kunt gij u dat niet…

De eucharistie, dat is het belangrijkste. Het huwelijk, ja… In Congo ga je niet trouwen voordat er kinders zijn. Ge wilt eerst weten of uw vrouw kinders kan krijgen. Ik heb in al die jaren maar één geval gekend van een man wiens vrouw geen kinders kon krijgen en die toch bij haar gebleven is. Eén geval. Dat waren magnifieke mensen, dat.

Kinders… nee. Ik heb… Da's nu iets… Maar ik héb wel veel kinders hier, hé. In de brousse lopen der veel rond die Grégoire heten. Of zelfs Vanneste, zij vonden dat schoon, die ouders. Ik heb er een paar gedoopt die Merci Vanneste als voornaam hadden.

En de andere sacramenten… da's toch minder. Voor de laatste sacramenten zijt gij hier tóch altijd te laat. Tegen dat ge der zijt… En de biecht afnemen, dat doe ik niet meer zo graag. Vroeger had ik er soms 700 op een dag. Van die vrouwen die dan met hun kop op uw schoot liggen te snikken. Ik heb toen gezegd: we gaan dat collectief doen. Twee-, driehonderd man tegelijkertijd. En elkeen mompelt wat over jaloezie en overspel en ik gaf ze dan de absolutie.

Wij zijn allemáál feilbare mensen, hé. Wij religieuzen ook. Bij ons, ge hebt daar van alles bij zitten. Ook alcoholisten, drugverslaafden, hoerenlopers, pedofielen. Er zijn er altijd die moreel mislopen, vaak is dat zeer erg, soms is dat begrijpelijk. Ik veroordeel niet onmiddellijk. Als ik denk aan onze aspiranten die hier straks toekomen, jonge, krachtige mensen die echt geloven in de Kerk, mensen met humor en levenslust... Luistert, het celibaat is gewoon niet voor Afrika gemaakt, hé, dat ze in Rome zeggen wat ze willen. Er is daar een kardinaal die verleden maand nog een gróte tekst heeft gemaakt over het celibaat, maar dat die mensen zwijgen. Dat ze hier een maand, twee maand, een jaar komen leven, ze zouden wel anders spreken ginder in het Vaticaan.

Fierheid, blijheid over het celibaat? Ja, dat ze viskes gaan vangen. Hier, de bisschop van Bukavu die nu juist gestorven is, dat stond publiek in de gazet. Aan de *phonie*, bij de radioverbindingen 's ochtends, waren er vaak berichten voor hem: 'Monseigneur, uw dochter heeft geld nodig voor een paspoort.'

Ze moesten dat vrijlaten. Maar met de paus van Polen en met de deze zullen we daar niet geraken. Het zijn Heilige mensen, met alle respect, al wat ge wilt, maar daar is iets fundamenteels dat wij als last meedragen van de eeuwen. Zelf apprecieer ik het celibaat als een woord van Jezus, het charisma van de Heilige Geest, en vooral: als een vrije keuze! Het gaat er niet om een diepvriezer te worden, maar ik voel dat ik meer *disponible* kan zijn als mens en missionaris indien ik ongebonden ben. Dat neemt niet weg dat ik soms een keer een vrouw ga complimenteren. De vrouwen hier kunnen zich echt met smaak en *élégance* kleden. Prachtig! 't Is toch niet omdat ge aan het regimen zijt dat ge niet een keer naar

de menu moogt kijken, zeker. Onze zusters met hun rok tot over de knieën, da's toch al niet appetijtelijk.
De *preservatieven* staan daar klaar, hé, manneke. Een grote doos. Zoals veel religieuzen deel ik die hier uit. Zonder gewetenswroeging. Rome is ver van hier, hé. Ik heb niet het gevoel dat ik daarmee ontrouw ben aan mijn Kerk. Ik wil naar de geest van mijn Kerk leven, niet naar de letter.
Ge gaat mensen die geen eten hebben toch ook niet vragen om te vasten zeker!
Nee, ge probeert naar de mensen te luisteren. Missioneren, dat is veel geduld hebben om de ander zijn eigen weg te laten gaan. Wij wegen niet meer op die mensen, net daarom ben ik hier nog. En door die vriendschap. Als ge mensen vele jaren kent, dan kunt ge hier echt diepe, diepe vriendschappen krijgen. Dat duurt lang, maar 't gebeurt.
'Het christendom is een onverzettelijke waarheid. Daarbuiten heerst enkel dwaling, zoals er buiten het schip alleen water en verdrinking is.' *Manuel de missiologie*, 1938. Ik heb dat nog moeten lezen. Ja zeg, mannekes.
De oudere paters, ik heb daar alle respect voor, maar de methodes zijn toch echt veranderd. Allez, 't gaat niet om zieltjes winnen in ruil voor medicamenten of kleurpotloden, hé. Als iemand zijn voet ontstoken is en die kermt van de pijn en die heeft geen zalf om eraan te smeren, dan moet ge niet beginnen over Jezus. Die helpt ge dan gewoon. En als ze dan na verloop van tijd vragen: waarom doet gij dat? Wie zijt gij? Dan kunt ge vertellen dat wat hij god noemt, voor u het evangelie van Jezus is. En dan komt de vraag wie Jezus is en dan, dan pas!, kunt ge beginnen.

Als ge mensen zo kunt brengen dat ge vanuit uw eigen ervaring van die toekomst die ge hebt in uw eigen leven, de zin die gij geeft, ook aan lijden, dood, hier die haat, die genocide in Rwanda of die *tribus* hier onder elkaar, die *superstitie* hier, die duisternis en zo, als ge daar een licht in ziet dat zin geeft aan uw leven en vreugde heeft aan uw leven en mekaar optrekken, dat is voor mij missie. En als dan de vraag komt 'waarom doet ge dat?', dan kunt ge vertellen dat het voor u ook puur geloof blijft. Ik heb geen enkel bewijs dat het zo is, maar het is een antwoord dat niet tegen mijn rede ingaat, maar dat mijn leven vult en echt zin geeft.
Allez, de verrijzenis van Lazare! Maar het is toch ondenkbaar dat Jezus ene die vier dagen in het graf zit en die al begint te rieken terug levend maakt. Dat gaat ge toch niet geloven zeker! Dat is toch tegen... *c'est pas raisonnable! Et bin voilà, la foi n'est pas rationnelle, mais elle est très raisonnable.* Of de Maagd Maria en Saint Joseph et *l'immaculée conception.* Ge gaat me toch niet zeggen dat Jozef hier zijn slaapzaal had en Maria ginds, zeker. We gaan onze theologie toch niet terugbrengen tot gynaecologie!

Deel 2

GEZONDHEID

Dat meer, dat is oneindig, hé. Zo schoon. Op een keer zat ik in een gevaarlijke storm. Zulke golven! En de *horsbord* ging kapot! We zijn toen aangeland op een strandje, met een man of zes. Daar was niets, juist *falaises.* Rotsen rondom. We konden niet weg. Vier dagen hebben we daar gezeten, tot er een andere boot –
En onze gasten die een paar huttekes bouwen.
En daar zitten. En naar dat water kijken.
En die zon die schittert op die golfkes.
En dat water dat ribbelt door de wind.
En af en toe een keer een vis die springt.
Dat is onbeschrijflijk, dat.
Maar ik moest altijd goed opletten. Met mijn vel. Ik was vroeger een rosten, ziede, dan zijt ge teer. Ik zit hier bijna vijftig jaar en ik verbrand nog altijd. Als ik uit België terugkom, neem ik altijd tien potten Nivea mee. Ik moet dat dan uitleggen aan de douaniers op Zaventem. Dat piept dan.
Mijn ingewanden sukkelen soms ook nog gelijk in het begin. Krampen, afgang... al zulks. Ik durf daar nogal gemakkelijk last van te hebben. Bon, dat zijn van die kleine ongemakken. Nochtans is het eten vaak heel simpel. Maandag bananen met eitjes, dinsdag eitjes met bananen, woensdag de twee samen, en donderdag herbeginnen we. Haha!

Tegen malaria neem ik niets meer. Ge moet daarmee opletten, dat zijn zware pillen. Vroeger bleven de missionarissen meestal niet langer dan vijf jaar in leven, omdat ze veel te veel kinine namen. Ze gingen dan niet dood aan malaria, maar aan de kinine zelf. Ook nu gaat gij nog heel vaak missionarissen zien die doof of blind zijn geworden, ge moet daar een keer op letten. Da's van de nivaquine. Een paar jaar geleden zijn mijn ogen in één slag veel verslechterd. Ik vraag me af of dat niet daarvan komt.

Als ik in België ben, laat ik altijd naar mijn ogen kijken. Dat dat in orde is. Want ik ben *myope, presbyte et astigmate à la fois.* En een van de eerste afspraken die ik maak, is altijd met mijn tandarts. Ik heb veertig jaar dezelfde gehad, Marc Van Hoornacker. Hij zei: 'Ik zal alles in orde zetten, dat ge weer goed zijt voor drie jaar.' En ik moest dan een paar keer gaan, om te trekken en te vullen. Maar laatste keer was 't zijn opvolger. Een jong meiske, ze kwam recht van Leuven. Ze zei dat ik een keer of vijftien ging moeten komen. 'k Heb gezegd: 'Joeng, voor mij moet gij daar niet zoveel aan tutteren. Trekt wat dat rot is en plombeert de rest. Da'k weer verder kanne.' Maar ze heeft dat goed gedaan, die Annelies.

Vroeger zeiden ze altijd dat een missionaris niet veel nodig had. Een tropenhelm, een muskietengaas, een miskoffer en een tang om tanden te trekken. Da's nog altijd waar. Eigenlijk komt ge met weinig toe.

't Belangrijkste is dat ge tijd hebt. Om echt met die mensen hier te leren leven. Ge moet er zijn voor hen, ge moet tonen dat gij klaarstaat. Vroeger, toen er nog veel missionarissen waren, kreegt gij de eerste drie jaar om de taal te leren. Drie jaar! En nu komen ze van ONG's gelijk MSF of *Action contre la faim* langs om hier drie maand te werken, allez, of zes, als ge *chance* hebt. Maar dat is, dat is, dat is toerisme, dat! En dan durven ze tegen ons te zeggen: '*Oui, monsieur*', want die zeggen *monsieur* tegen ons, hé, niet *père*, '*ce que vous faites, ce n'est quand même pas vraiment de l'humanitaire.*'

Daar zoudt ge toch van...! *(ontploft daadwerkelijk)* Ik heb braille leren lezen, omdat wij met blinden zaten! In de Larousse kunt ge dat opzoeken, hé, bij elke letter staat erbij hoe die er in braille uitziet. Een hele namiddag heb ik dat alfabet zitten overschrijven in de bibliotheek van ons seminarie in Bukavu en maar studeren elke avond bij mijn lampke om dat dan 's anderendaags aan die sukkelaars uit te leggen. En op een dag, 'k zal 't nooit vergeten, 't was Pasen, liet ik een van mijn blinden de eerste lezing doen. Ge hadt dat moeten zien! Die kerk ontplofte! Een blinde die kon lezen! Ze geloofden het niet, ze dachten dat hij het evangelie vanbuiten had geleerd en ik zei: kiest maar een bladzij. En toen las die jongen ook die bladzij.

Of in Sola! Daar had ik een jongen die op vier pootjes liep. Hij kwam altijd naar de mis op de rug van zijn broer. En bij de communie legde ik dan dat brood van Christus in die handen die hij gebruikte om op te lopen. En ik dacht: als ik hem nu toch een keer zo'n fietske zou kunnen geven, zo'n rolstoeltje, en ik vond er toch wel eentje zeker, in Burundi, voor tachtig dollar. En 's anderendaags stonden er natuurlijk tien aan mijn deur. En we hebben toen gezocht en vier studentes kinesitherapie van het Katho in Kortrijk zijn toen hier nog geweest. Met stukjes betonijzer en latten en lappen leer hebben

wij apparaatjes kunnen maken. Meer dan tweehonderd mensen hebben we geholpen!
Ce que vous faites, c'est pas vraiment de l'humanitaire.
In Kirungu had ik een confrater van bij de tachtig. Hij deed bevallingen. Meer dan 4000 had hij er gedaan! Dat was een echte vroedpater. Die had enorm veel *experiëntie* daarmee. Met de microscoop al die ziektes bepalen en die grote *dictionnaires.* En op een nacht in de kamer naast mij, *waaw waaw*, dan had hij zes geboortes gehad, op één nacht, en die lei die dus in schoendozen zo, ik heb daar nog een foto van gemaakt, zes schoendozen naast elkaar met zo'n lintje: blauw, rood, groen, om ze te herkennen. 4000 kinders en allemaal op fichekes. En voor elk kind dat hij ter wereld hielp maakte hij een kleedje. Hij naaide ook. Hensberghe heette die, hij was afkomstig uit Boom.
Tijd hebt ge nodig, veel tijd. Ge hebt journalisten die hier veertien dagen rondlopen en denken alles begrepen te hebben. Maar als ge hier vijftig jaar woont, snapt ge het hoe langer hoe minder. Dien oorlog hier, die *superstitie,* die *violeringen*, dat is onvatbaar.

En ik heb niet alleen de *l'humanitaire* gedaan, ik heb ook een beetje *polytechnique* gedaan. In Bunyakiri, *en pleine brousse*, heb ik bruggen en wegen helpen aanleggen. Ik hielp mee met hen, droeg zelf de stenen, maar het was zeer moeilijk om hen te motiveren, zelfs voor een waterleiding. Ge mocht gij zoveel zeggen als dat gij wilde dat het voor hun eigen bestwil was, als zij geen goesting hadden, deden zij niet mee. Maar ge moet mee met de mensen denken, hé, ge kunt niks forceren. Ik zag dat ze graag voetbalden en op een goeien dag dacht ik: wacht

een keer een beetje! En toen ik in België was, kocht ik stapels voetballijfjes en broekskes, ik kon daar goedkoop aan geraken via een broer van mij. En ik kocht ook voetbalschoenen, nieuwe en occasies. En toen ik terug was, zei ik: 'Luistert gasten, die wegenaanleg, we gaan dat anders doen. Als gij drie meter weg klaar hebt, dan krijgt gij van mij voetbalkousen. En als ge zes meter hebt, een broek of een truitje.' Bij elf meter kregen ze scheenlappen. Ik had elf meter genomen, omwille van de *penalty*. Twintig meter was een paar oude voetbalschoenen en voor een nieuw paar was 't vijfenveertig meter. In vijf jaar tijd had ik tachtig kilometer weg klaar en hadden we een echte voetbalcompetitie.
Maar in '96 is alles kapotgegaan. Het AFDL van Kabila nam honderden jongens mee op zijn *marche vers Kinshasa*. Al mijn *équipen* waren kapot. En anderen vertrokken naar het opleidingscentrum van Fungurume, met de trein, ze stonden rechtop in open wagons. 1800 jongens zijn toen gestorven van de honger. Dieudonné Kabila, de neef van de huidige president, had hun eten verkocht en de winst in zijn eigen zakken gestoken. En dat was 't einde van mijnen voetbal.

BULOZI

Sint Jan 8, da's voor mij een essentiële tekst als het over die *superstitie* hier gaat. 'Als ge mijn Woord onderhoudt, zult ge mijn leerlingen zijn. Ge zult de Waarheid kennen en de Waarheid zal u vrijmaken.'
Dat zal ik met mijn jongens lezen. De komende weken en maanden gaan we daarover praten, want dat bijgeloof, die *bulozi* hier, daar gelooft iedereen in! Zelfs de toekomstige Witte Paters en Zusters! Die taboes en talismannen, dat is ongelooflijk, dat.

Als er iemand dood is, moeten ze een schuldige vinden. Altijd. Want zomaar doodgaan, dat gebeurt hier niet. En dan halen ze daar de *bafumu* bij, van die waarzeggers die dan zeggen wie het gedaan heeft. En dan moet die schuldige gewroken worden... Och, ik heb daar dingen bij meegemaakt. Zelfs op paasdag!
Iedereen kent wel twintig, dertig mensen die vermoord zijn of vergiftigd omwille van de *bulozi*. De catechumenen en catechisten... maar die zijn bang van die *bafumu* met hun pluimen en apenstaarten. Zelfs onze novicen! En ik ging met die mannen praten in het Kitembo of het Kiswahili en ik pakte zo'n apenstaart vast en de mensen keken naar mij met zo'n ogen, omdat ik aan dien *bazaar* durfde te komen. En ze zeiden allemaal dat ik diezelfde nacht nog dood zou vallen. En ik lachte daar een keer goed mee.
Ik moest ze wakker schudden,
hen uit die duisternis halen,
uit die angst.
Een student uit de *propédeutique* zei afgelopen jaar tegen mij: 'Vorig weekend was ik bier gaan drinken met een vriend en in mijn glas, in het bier zag ik het gezicht van mijn vijand en hij was een sigaret aan het roken.'
Ik zei: 'En gij gelooft dat?'
'*Mais oui, mon père, c'est vrai. Je l'ai vu moi-même.*'
Ik heb gezegd: 'Ik heb één woord voor u, één woord. *Imbécile*! Ge zijt ne groten *imbécile*! En ge zijt een *imbécile et tu le resteras*.'
Ik moest wel. Ik zei: 'Ik ben niet kwaad, ik wil u losmaken, ik wil u vrijmaken. Al die angst, dat is niet nodig. Al die gruwel. Dat moorden.'

Maar ze waren hem aan het doodslaan, hé!
Op paasdag!
Twee christenfamilies!
De hele Goede Week hadden ze staan zingen.
Jezus gaat verrijzen, in 't Swahili.
De ene vader was een ouwe *mpishi* op de missie.
Hoe zegt ge dat? Een ouwe *cuisinier.*
Hij had een zoon verloren.
Jaren daarvoor. Op het meer.
Bliksem. Vlak op die jongen zijn *pirogue.*
Hij was aan het vissen.
't Kan gebeuren.
Direct daarachter:
'Wie heeft dat gedaan?
Wie heeft die bliksem gegooid?
Wie, wie, wie?'
En jaren later: 'Faustin! Hij is het!'
Dat riepen ze.
Faustin was de zoon van een catechist.
Een fraaie jongen.
Hij leerde goed.

Paasnacht. Een prachtige mis.
Drie uur zingen, drie uur dansen.
Echt een feest.
En na afloop drinken.
Kindingi, allez, hoe noemen ze dat,
malofu, inlandse alcohol,
rutuku, *kasipa*, *kanyanga*, *cycle court.*
Al zulks!

En ik kwam uit de kerk!
En al dat bloed!
Op die jongen zijn gezicht!
Zijn rug! Bloot, kapot.
Dat spoot eruit!
Ze gingen hem doodslaan.
Hij bougeerde al niet meer.
Gewoon, zo'n bolleke.
En een grote cirkel
en niemand die iets deed
want als ge iets doet,
hebt ge 't ook aan uw been.

En ik ben daarin gesprongen
en ik heb motten gegeven,
en ik heb motten gekregen,
ge moogt het zekers zijn, ja,
veel motten gegeven,
mij niet inhouden,
ba neen toch, ge ziet dat vanhier,
ze waren hem aan 't doodslaan, zunne.

En 'k heb een week lang geen stem gehad.
En maandenlang geen goesting meer.
Niks.
Wat komme'k ik hier feitelijk doen?
Ik ben naar huis, ik ben weg.
Ge ziet mij hier nooit meer terug!
Vreet het zelf uit!
Zeg!

Kort daarvoor was mijn vader gestorven, heel plots. Hij was maar 67. Dat heeft ook meegespeeld, denk ik. En ik kreeg dat bericht pas drie dagen later, via de *phonie.* En drie weken later een geschreven bericht met meer uitleg. Toen heb ik stillekes geweend in mijn hut. Ik had geen golfplaten, gewoon takken boven mijn hoofd. Als 't regende, regende het er binnen en lag ik nat. Maar ik heb toen veel steun gekregen van mijn medebroeders en ook van een aantal Congolese zusters en *abbés.* En ik kreeg een brief van mijn moeder, geschreven op de dag van de begrafenis, de avond, als iedereen weg was. Een uitzonderlijk mooie brief. Ze was een zeer gelovige en dankbare vrouw.
Mijn moederke, ze heeft nog achttien jaar verder geleefd. In 1997 is ze gestorven. Tijdens mijn verlof had ik haar gezien, elke dag. Ze was al heel lang ziek. In september moest ik terug. En toen ik nog geen vier maand hier terug was, is 't gebeurd. Heel vredig. Ik ben hier gebleven. 't Was goed zo. We hadden afscheid genomen.

'Grégoire?'
'Moedere.'
'Vertrekt ge weer?'
'Mmm.'
'Weer voor drie maand?'
'Drie jaar, moedere.'
'Ja, jaar, 't is dat dat 'k wil zeggen. *(stilte)* En als 't er mij iets overkome, moogde gij dan naar huis komen?'
'Moedere...'
'Maar neen. Wat zegge'k ik nu? Uw roeping is ginder. Ze hebben u ginder nodig.'

'Moedere...'
'We gaan wij lezen voor mekaar. Veel lezen. Ik lees alle dagen voor u, jongen.'
'Moedere...'
'Alle dagen. Ik zeg tegen Onzevrouwtje, 'k zeg, hij zit ver, maar 't is dat hij daar móet zitten. dat zegge'k ik.'
'...'
'Wat is 't, jongen? Waarom schreemde gij nu?'
(lange stilte)
'Zeg 't nog enen keer.'
'Wadde?'
'Jongen... Ge zeidt daarjuist "jongen" tegen mij.'
'Mm.'
'Ik hoor dat nooit meer... En 't is misschien...'
'Kom hier, pakt mijnen hand vast. 'k en Kanne geen kruiske meer geven, zie.'
'Moedere.'
'Jongen, mijn jongen, mijn grote, fraaie jongen.'

ROEIEN, RIEMEN

Hier moet de man een *dot* betalen aan de familie van de vrouw. Koeien, minstens twee, soms wel vijftien, een pak geiten, duizend dollar, trouwkleren en trouwschoenen voor de schoonouders. Dat is... dat is diabolisch zoiets. Dat is bedrog, dat is cinema, theater, theater! De vrouw verliest al haar menselijke waardigheid erdoor, ze wordt een object, een ding. En als haar man sterft, wordt haar alles afgenomen. Haar kinderen zijn zelfs niet eens van haar. Als ze scheiden, koopt de man zijn kinderen over van haar, die ziet ze nooit meer terug. En daar kan ze niets aan doen.
Zuster Marie-Jeanne hier aan de overkant zegt dan rus-

tig: '*La dot, c'est une réalité*, we verdoen onze krachten als we daartegen vechten.'
Ik snap niet hoe zij, als vrouw...
En ze heeft dan ook nog eens al die mishandelde vrouwen gezien...
Al die *violeringen...*
Zij zegt altijd: '*Le mal, c'est le mal.* We kunnen het kwaad niet bestrijden, we kunnen alleen het goede bewerkstelligen.'

We moeten roeien met de riemen die we hebben. Die *bulozi*, af en toe kondt ge daar wel zo, zo een draai aan geven. Op een keer had een jongen in de parochie geslachtsbetrekkingen gehad met zijn nichtje. In principe moet hij dan gestenigd worden, maar dat gebeurt nooit. De familie van de jongen koopt dan een geitje en dat geitje wordt dan gestenigd. Da's geen schoon zicht, dat.
En ik zei dan: 'Dat geitje, dat is eigenlijk Christus. Hij is ook gestorven om ons te redden.'
Dat zei ik dan. En toen luisterden ze toch.

De Afrikaanse kerk is nog zeer jong, hé. We oordelen veel te gemakkelijk. Ook bij ons hebben ze een kleine tweeduizend jaar na de geboorte van Christus nog '*Gott mit Uns*' op hun riemen gezet.
Geeft dat hier nog een keer vijfhonderd, of duizend jaar.
Het geloof, dat gaat beetje per beetje.
De Kerk, dat is een volk onderweg. Afrika zal gechristianiseerd worden door de Afrikanen zelf. Ik zeg altijd: *nous avons christianisé l'Afrique, maintenant il faut africaniser le christianisme.*
Want die gasten evangeliseren ons soms ook, hé. Dat

gaat in twee richtingen. Zoals die het scheppingsverhaal kunnen navertellen, 't lijkt soms alsof ze er verdikke zelf bij waren!

Maar soms is het echt wel *décourageant*. Soms zoudt ge... Op een dag moest ik dringend, dringend naar een dorp langs het meer komen, het was nochtans al het einde van het regenseizoen. Iemand was gepakt geweest door een krokodil en de christenen weigerden om de bafumu's te betalen.
De parochianen zeiden: '*Mon père*, we gaan naar Ibondwe.' Dat was drie uur te voet, we zouden daar slapen.
Ik kwam er aan. Die verhalen... Alle christenen hadden ze kortelings daarvoor op een nacht opgepakt en te voet doen lopen van Ibondwe naar Muliro. En daar waren ze samengebracht op een grote plaats onder een mangoboom. Naakt en met een touw aan elkaar vastgebonden.
En de dorpelingen zeiden: 'Nu moet ge kiezen!'
En ze antwoordden: 'Wij doen daar niet aan mee, aan die *bulozi*, wij gaan die *bafumu* niet betalen.'
Ik spreek van 1990, hé, niet 1890!
En toen hebben ze al die christenen met een scheermes opengehaald. Over hun rug, over hun schedel, over hun voorhoofd, over hun buik, over hun *sexe* en zo. En al dat bloed hebben ze zelf moeten uitdrinken, die mensen.

'Wat is 't, jongen? Waarom schreemde gij nu?'

TAVERNE

(Vrouwenstem)
En vertelt een keer, Grégoire, hoe is het met u?
Waar zijde gij de afgelopen jaren mee bezig geweest?

Een heel verdieping weg? Door die vulkaan? En maar mens toch!
Stevige fundaties nu? Ja, dat zal wel! Nu wel!
En is die zuster nog steeds bezig met al die sukkelaressen?
Wordt het er dan niet beter op?
Slechter zelfs? Tsk.
En uw gezondheid? Gaat het met uw knie?
En uw ogen? Ge schreeft dat ze zoveel achteruit waren gegaan.
Ik heb dikwijls aan u moeten peinzen, Grégoire.
's Avonds als ik in mijn bed lig.
Heel dikwijls.
Hoe lang gaat gij nog met die brommer rondrijden?
Maar korte afstanden zijn ook afstanden, hè,
Grégoire.
Zoude gij niet...?
Nee?
'k En peinsde het al. 'k Had van u eigentlijk niks anders verwacht.
Gij zijt toch... Grégoire toch...
Wacht, 'k ga efkes naar 't toilet.

SUCRÉ
(Come on let's twist again
like we did last summer,
come on let's twist again...)
Eerst was 't er niets,
en 't was donker en nacht.
En de eerste dagen deed Hij niets,
niks niemendal,
gewoon een beetje uitrusten

en af en toe een *sucré* drinken.
En tegen de vijfde dag begon Hij deraan
en plots was daar de Lac Kivu,
de Lac Albert, de Lac Edouard en de Lac Tanganyika
en hier en daar een vulkaan.
En toen ging Hij weer slapen –
en 's anderendaags maakte Hij
mango's, maïs, maniok en muskieten,
en van die laatste veel te veel,
en direct derna kippen en *lengalenga*.
En ook een vrouw om de *lengalenga* te bereiden,
want een vent kan dat niet.
En daarna een vent om de *lengalenga* op te eten,
want de vrouw had er veel gemaakt.
En de vent kroop toen dicht bij zijn vrouw,
want het eten had gesmaakt
en *lengalenga*, iedereen weet dat nu,
maar hij toen nog niet,
had hij het geweten,
hij had wat minder gegeten,
lengalenga dus,
dat geeft force,
véél force,
drie dagen en drie nachten force,
(Eeah!
Roun'a'roun'an up'n'down
we go again
oh baby make me know
you love me so and then!)
en de vent was blij dat hij geschapen was,
en de vrouw ook, maar anders,
al was 't wel zoet, dat vuur vanbinnen,

en dien avond en dien nacht en dien dag
was 't van krakkrak
en toen werd den oudste geboren,
dendien die boer zou worden, en een beetje later
was 't opnieuw van krakkrak
maar minder lang
en toen hadden ze
dendien die herder wou zijn
en een beetje later
heeft den één den ander doodgeslagen
maar ik ben vergeten welke,
is dat van belang, père?
En toen dronk Hij nog een *sucré.*

Deel 3

Moedeloos?
Wanhopig?
Eenzaam?

Wij kozen, hé.
Wij hebben gekozen.
Toen we nog geen twintig waren.

Dat geeft richting aan uw leven.
Ge weet wat ge wilt en ge richt uw leven zo in dat ge dat bereikt.

Kiezen doet zeer, altijd. Ge geeft veel op.
Maar als ge gekozen hebt, wordt alles helder.
Om meer te leven moet ge aan iets anders een beetje sterven.

En natuurlijk zijn er momenten van crisis, uiteraard.
't Is niet omdat ge één keer die keuze hebt gemaakt, dat ge der vanaf zijt.
Dat ge nooit meer twijfelt of sukkelt. Nee. Was 't maar waar!
Op die momenten komt het erop aan om uw keuze van toen opnieuw te maken.
Te herbevestigen, gelijk een vlucht met de vlieger. Ge moet dat ook *reconfirmeren*.

Een keuze, dat is niet: één moment. Niet één kanteling waarna alles helder en gemakkelijk wordt, nee. 't Wordt niet gemakkelijker, 't wordt bij momenten moeilijk, zeer moeilijk zelfs. Maar ge hebt die leidraad.

Een keuze, dat is een echo die luider wordt. Elke keer meer.

Ge kiest niet één keer, ge kiest zoveel keren. En dan op het einde noemen ze dat: een leven.

BROER

Pak nu mijn jongste broer. Begin de zestig al. Drie fijne kinderen, allemaal gestudeerd. Landbouwingenieur, handelswetenschappen... En plotseling gaat dat niet meer. Dat zei hij de laatste keer dat ik hem zag. We waren gaan fietsen in de Westhoek, mijn broer en ik. Hij op zo'n schone, blinkende koersfiets, ik op de fiets van zijn vrouw, want ze woonden toen nog samen. Zo'n fiets met fietszakken die voortdurend tegen de spaken zitten.

En ik zeg hem: 'Maar hoe komt dat?'
Hij zegt: 'Ik weet het niet, 't is op, 't is over. Maar met dat de kinders nu 't huis uit zijn.'
En ik zeg: 'Maar enfin, Antoine toch,' want hij heet Antoine, 'na al die jaren!' zeg ik.
'Tja,' zegt hij, 'tja. 't Is al lang dat het niet meer gaat. Ik heb 't u nooit willen zeggen, aan niemand niet feitelijk.'
'Heeft zij een ander misschien?'
'Nee, dat heeft zij niet,' zegt hij.
En hij pakt een keer diep adem en zegt: 'Zij niet, nee.'

Dan kijkt hij naar zijn kilometric en foefelt wat met zijn vitessen.
Ik val bijna achterover. Mijn eigen broer, god lieve deugd.
Vijftien jaar jonger dan ik, maar nog altijd mijn eigen broer.
Maar ik hou mij in, zoals wanneer ge de biecht afneemt. Niet veroordelen, roep ik vanbinnen, niet veroordelen. Nu nog niet.
'Weet Goedele ervan?' vraag ik, zo rustig mogelijk.
Ja, ze weet ervan, zegt hij. Ze vindt het heel lastig, maar ze begrijpt het.
Ze begríjpt het? Denk ik dan. Hoe kan ze nu zoiets begrijpen?
'En Sarie jaagt mij ook niet op,' zegt hij.
Sarie? denk ik. Is dat haar naam? Hoe oud is die wel?
'Ze zegt dat ik mijn tijd moet nemen om dat hoofdstuk af te sluiten.'
Sinds wanneer bestaat een leven uit hoofdstukken? Het gaat toch gewoon door, van begin tot einde, één ademtocht die niet eens zo lang duurt, een zuchtje. Afsluiten! Alsof ge in het volgende hoofdstuk niet meer bezig zijt met het vorige. Boeken dicht, hup gedaan. Als de rekening maar klopt.
'Ze werkt in het theater,' hoor ik mijn broer zeggen. 'Ze doet de pr van een gezelschap in Kortrijk.'
Den theater, ja. Ik had het kunnen peinzen. Drie, vier bedrijven en dan applaus, als 't meezit. Maar het huwelijk is toch geen 3-6-9-contract dat ge naar hartenlust kunt opzeggen of verlengen? Ik weet dat Antoine niet meer naar de kerk gaat, dat is zijn keus. Met mij spreekt hij daar niet over, hij denkt dat dat mij zou kwetsen.

Maar dat kwetst mij niet. Ik ga hem niet bekeren, ik doe dat in Congo ook niet. Maar wat me wel kwetst, is dat hij zó nadenkt over het leven. Enfin, dat hij eigenlijk níet nadenkt over het leven.
Daarjuist ook al, toen hij zijn nieuwe, sjieke vélo uit de garage haalde om zijn banden op te pompen. Fier gelijk een plechtige communicant. 'Ge moet u af en toe goed verwennen, Grégoire, ge leeft maar één keer. Voelt een keer hoe weinig dat dat nog maar weegt.'
En we fietsen in stilte verder.
Hier leven ze zoveel langer dan vroeger en ze lijken almaar banger om iets te missen. Laatste keer dat ik er was, ik hoorde niks anders.
Druk, druk, druk.
Hectisch, jong, hectisch. Dat leek een nieuw woordje toen, ik kende dat niet.
Ik ben dringend aan vakantie toe.
't Is nog maar september, ik weet het.
Maar toch.
Een huizeke in d'Ardennen.
Of een citytrip met mijn maten,
naar Barcelona of Berlijn, dat moet niet ver zijn.
Of wat qualitytime met de kids.
Of een keer wandelen aan zee, waarom niet?
Gewoon efkes oeeef.
Efkes helemaal niks.
Efkes in mijn bad met mijn broebelingskes.
Ik snap dat niet. Ze hebben meer tijd en minder rust. Want ze willen dat nog en dat en dat. Efkes niks? Maar neen, ze willen altijd alles. En ook van den eerste keer. En liefst altijd nog voorlopig.
Wij kozen hé.

Hier in Congo is de gemiddelde levensverwachting nu 45 jaar. Da's niet veel, hé, en een paar jaar terug, met den oorlog, was 't nog veel minder. Aan uw veertigste zijt ge hier een oude mens. Maar der is geen enkele Congolees die zich zal haasten om nog 't een of 't ander mee te pikken, dat bestaat niet. Die pakken dat gelijk dat het komt. Die zijn daar gerust in.
Maar als gij niet gelooft dat er nog iets komt achteraf, dan moet ge het er nu uit zien te halen, hé. Dan hebt ge alleen dat ene leven hier, die paar schamele jaarkes, die paar onnozele tutterjaarkes. En dan wordt ge de vijand van de tijd, van uzelf, en uiteindelijk van uw eigen leven. Altijd alles, altijd alles, altijd maar alles, want als we straks doodgaan is 't niet éfkes niks maar áltijd niks. En da's niet veel, zunne.
Ze hebben de eeuwigheid afgeschaft, omdat ze dachten dat ze die later niet meer gingen nodig hebben, maar ze hebben er nu al alle dagen last van.
Ge kunt maar graag leven als ge 't niet te erg vindt om dood te gaan. Ge kunt maar geven als ge zelf niet te veel te verliezen hebt. Anders zijt gij een kramp, een mossel die zich vastzet op een boot die toch ooit wegvaart.
'Ze is pas vijfendertig,' zegt mijn broer, 'maar ongelooflijk rijp voor haar leeftijd. Ze heeft veel meegemaakt, miserie thuis, een agressieve vader, een relatie die heel slecht is geëindigd, echt *deep shit*.' Ja, zo zei hij dat, ik heb hem moeten vragen wat dat dat was. 'Maar ze is daar sterker uit gekomen. Ze heeft die zwarte bladzijde omgeslagen. Ze heeft die ervaringen op een rijtje gezet. Dat heeft een plaats gekregen. Ze heeft daar veel uit geleerd. Hoofdstuk afgesloten. Zo rijp. Ze verstaat mij. Ik, met heel dat leven dat ik al achter de rug heb. Ze ver-

staat mij. Ze verstaat mij beter dan Goedele. Echt, Grégoire! Waarom stopt gij nu ineens met fietsen? Rij ik te rap?'

GEZIEN

Ze waren met tien-, vijftien man.
En wij waren aan het biljarten met een paar confraters.
Het was een vrijdagavond, november '96.
Traa, traa, traa.
Rond ons huis.
En ze sprongen naar binnen.
AFDL, mannen van Kabila *père*, maar eigenlijk Rwandezen.
Dat waren Rwandezen, iedereen wist dat, dat Kagame daarachter zat.
We wisten dat ze zouden komen.

En ze bonden alle seminaristen vast, alle twaalf.
En onze twee *sentinellen.*
En ons ook.
We lagen allemaal samen, hier in deze refter.
Ik zei tegen hen: 'Pakt alles, pakt alles wat ge kunt gebruiken.
Doe maar.'
Ik lag op de grond en zij stonden op een stoel.
Ze schoten in de grond.
Dèk, dèk, dèk.
Het beton ketste naar overal.
Mijn handen en voeten bloedden.
Ik keek naar onze econoom, Emile.
Hij was er veel slechter aan toe dan ik.
Ze hadden hem met een mes in zijn gezicht geslagen.

Hij bloedde gelijk een varken.
Hij was al 73.
Hij zei: 'Grégoire, 't is gedaan.
Geef mij de absolutie.'
'Bon,' zei ik, 'ja.' En ik kroop naar hem.
En een van die soldaten sprong van zijn stoel
en kwam op me af.
Hij richtte zijn mitrailleur op mijn buik.
'*Tire*,' riep ik, '*mais tire donc. Tire! Tire!!*'
Want op zo'n moment...
Hij verroerde zich niet.
Ik zei: 'Jong, ziet die andere pater, zo'n oude mens.
Kunt gij die zijn handen niet wat losmaken?'
En die deed dat.
'Ge zijt een goeien, gij,' zei ik. In 't Swahili.
En ik heb hem gevraagd of dat hij een christen was.
Maar 't was een muzelman.

En toen werden we door de gangen gesleurd.
En geschopt.
En in de douches gesmeten.
En toen hebben ze alles geplunderd en kapotgeslagen.
En toen waren ze weg.
Ik heb drie dagen niet kunnen zitten.

We wisten dat ze zouden komen.
De Rwandezen waren zeer kwaad op de Witte Paters.
Wij hadden verteld wat er gebeurd was.
Dat de Tutsi's zich ook zwaar misdragen hadden.
In '94 waren al die Hutu's naar hier gevlucht.
Juist de grens over.
In Katali, Kibumba, Mugunga. Al die plekken. Hon-

derdduizenden mensen, hier in die kampen.
Veel Interahamwe, veel génocidaires, al die moordenaars.
En toen brak die cholera los.

Tussen de tachtig- en de honderdduizend doden in Goma alleen al.
Ik heb hopen lijken gezien langs de weg.
Ge reedt daar tussendoor, met de jeep zo, tussen de doden door!
Dat was geen stad meer, maar een nacht.
Ge kondt niet meer door de ramen kijken.
Van de vliegen. En die stank.

En toen in '96 vond Kagame dat het genoeg was met al die Hutu's aan de grens.
Die bedreigden het nieuwe Rwanda, vond hij.
En hij viel hier binnen en steunde den oude Kabila, een boertige rebellenleider uit de jaren zestig,
die meer in de bars dan in de brousse zat.
De mannen van Kabila kwamen vanuit het zuiden,
vanuit Bukavu.
En die Hutu-vluchtelingen gingen lopen.
En die werden opgevangen door de mannen van
Kagame, met de mitraillette.
Die stonden klaar op de heuvels van Gisenyi,
en op de flanken van de Niyaragongo-vulkaan.
Tienduizenden zijn er toen doodgemaaid.
En de rest is dieper het oerwoud in getrokken,
weg van Rwanda, weg, weg, naar het Westen,
die zijn gewandeld,
sommigen tot in Brazzaville.

Wij hebben dat gezien.
Wij hebben dat gezien.
Wij hebben zoveel gezien.
Wij hebben gezien hoe het donker werd overdag.
Pikdonker. Aardedonker.
Alleen dat geluid van de donder,
dat gerommel,
de lucht van lood,
die laarzen van rubber.

Die man die met een emmertje liep.
Gezien.

En die vrouw tegen die boom, dood,
met een kind in haar arm, dood,
en nog een kind, half uit haar schoot,
dat ze aan het baren was, dood.
Gezien. Wij hebben dat gezien.

En dat bloed, zwart en kleverig,
en die huid, strak van rotting,
en die tanden, geel, gestokt in een schreeuw.
Gezien.

En die jeep die op een groepje inreed.
En in achteruit schakelde.
En het nog een keer deed.
En dan die keel die riep:
'Oprapen dat vuil.'
Gezien, wij hebben dat gezien.

En die man met dat emmertje.
Gezien.

En die dorpen
waar men dan 's ochtends dertig lichamen vond.
Buiken opengesneden,
hoofden deraf,
geslachtsdelen in de mond gestopt,
kindjes overlangs in tweeën gekliefd.
Voor een paar geitjes en enkele flessen bier.
Keer op keer.
Vorige week nog, hier twee uur rijden.

En die vrouwen,
die duizenden en duizenden vrouwen,
gepakt, ontvoerd, gevioleerd,
door vier, vijf, zes, zeven man,
achter elkaar,
uren aan een stuk,
voor de ogen van hun mannen
die lagen leeg te bloeden,
voor de ogen van hun kinders.
Gezien,
die kinders hebben dat allemaal gezien.

En die vrouwen
die dan na afloop
een bajonet naar binnen krijgen
of een roestig mes
of een stuk ijzerdraad
of klei met mieren
en die lekken

en stinken
en worden verstoten.

En dat kind van drie,
een kleuter,
dat een stuk smeltend plastiek
in haar *vagin* kreeg.
We hebben dat gezien.
Een paar weken geleden.

En die man die een krijsend kind bij de nek nam
en het met zijn kop tegen een muur sloeg.
Gelijk een kattenjong.
Of een tapijtje.
En het toen liet vallen, toen het zweeg.
En toen een ander kind nam.

En die man met dat emmertje
in het verlaten vluchtelingenkamp.
En in dat emmertje:
ogen, alleen maar ogen.
Slijm, bloed, tranen.
Ogen.

Wij hebben dat gezien.
Wij hebben dat allemaal gezien.
Wij hebben zoveel gezien.

Wij hebben duizenden doden begraven.
Duizenden kuilen gedempt
met onze gebeden.

En wij hebben dat gezegd.
In Genève, in Rome, in New York
hebben wij dat gezegd.

En zij hebben dat geweten.
Dat dat van ons kwam.
En toen hebben wij het geweten.

En we wisten dat ze zouden komen.
En ze zijn dikwijls gekomen.

*

Wij kozen, hé.
Wij hebben gekozen.

Ge moet niet bang zijn van te kiezen.
Dat mag groeien, uw echo.

Ge moet niet bang zijn van bang te zijn.
Ge zijt 't toch.

Ge moet niet bang zijn van eenzaamheid.
Ge zijt dat altijd.

*

Mijn zus in 't rusthuis.
Mijn lief van vroeger.
Mijn broer met zijn mokkel.
Iedere mens, alleen.
Zelfs hier in Afrika.

Waarom denkt ge dat ze zo graag bij elkaar kruipen en schateren?
En in hun bars die muziek zo hard zetten dat ge de boxen hoort scheuren?
Waarom peins je?

(stil)
Maar als ge gekozen hebt, weegt dat niet zwaar.

VIOLERINGEN

'In de nacht van 18 op 19 januari, een dinsdagavond, drongen vijf gewapende mannen de huizen van onze familie binnen. Ik ben 25 jaar oud en 6 maanden zwanger. Mijn man was daags voordien naar Urega vertrokken. Ik sliep met mijn kindje dat achttien maanden oud is in mijn hut. Mijn andere kind was bij een tante. Ik hoorde lawaai rond het huis en voor mijn deur. Ik ben opgestaan, heb mij aangekleed en bond mijn kind op mijn rug. Voor de deur van mijn kamer liep ik tegen een man aan. In de woonkamer waren anderen bezig alles mee te nemen wat er mee te nemen viel. De man in mijn kamer zei dat ik mijn kleren in een doek moest doen. Dat deed ik. Hij vroeg me ook de schoenen mee te nemen. Ik deed het. Daarna zette hij het pak op mijn hoofd en zei dat ik naar buiten moest. Toen ik naar buiten ging, zag ik mijn schoonvader, mijn schoonmoeder, een meisje van veertien en vijf vrouwen. De mannen hadden geweren maar waren in burger, ze waren met zijn vijven. We moesten de weg door het woud nemen. Bij de eerste heuvel rustten ze uit. Ik nam mijn kindje van achttien maanden even van mijn rug. Toen we verder moesten, bleef hij achter. Ik smeekte de mannen om hem mee te

mogen nemen. Dat ik liever doodging dan mijn kind achter te laten. Ze sloegen me en zeiden dat ik verder moest... Ik weigerde en werd geslagen met de kolf van een geweer. Ze zeiden dat ik moest zwijgen, dat ze me anders zouden vermoorden. Ik zei dat ze me dan maar moesten vermoorden met mijn kind, liever dat dan hem alleen achter te laten in de nacht... Uiteindelijk hebben ze aan mijn schoonmoeder gezegd hem te gaan halen.
De tocht ging verder. Op een bepaald moment deden ze ons stoppen en begonnen ze de vrouwen te verkrachten. Ik werd verkracht door vijf mannen. De andere vrouwen door één of twee mannen. Het meisje van veertien door drie. Alleen de oude schoonmoeder werd niet verkracht.
We gingen verder door het woud. Op de top van een andere heuvel kwam de karavaan bij een plek waar zes andere mannen reeds waren. Ik hoorde vier van hen Kitembo spreken, twee spraken er Mashi, de rest Kinyarwanda. Ze hadden allemaal messen en geweren. Ik werd verkracht door twee andere mannen die daar waren. Daarna koos een man mij uit om zijn vrouw te zijn. Hij was hun commandant en heette Shetani. De volgende dag heeft hij mij gedurende drie uur genomen. Hij dwong mijn schoonvader om een van mijn benen vast te houden en mijn schoonmoeder het andere been. Mijn schoonvader weigerde. Toen hebben ze hem zo hard afgeranseld dat ik riep dat hij maar mijn been moest vasthouden, ze gingen hem doodslaan. Ik heb het hem gesmeekt. Ik schaam mij er zo over.
Op een bepaald moment stuurden die mannen een vrouw naar het dorp om honderd dollar. Als ze niet terug was voor vrijdag vier uur, gingen ze iedereen doden. Ze vertrok.

Even later riep een man mij om wat verder met hem mee te gaan. Ik wou niet, maar kreeg slagen. Wij kwamen bij een plek waar de lijken van een man en twee vrouwen lagen te rotten. Het stonk verschrikkelijk. Hij zei dat ik bij die lijken moest blijven, zo zouden wij eindigen als dat losgeld er niet kwam... Toen ging hij verder en riep hij mij. Hij verkrachtte mij opnieuw.
De mannen hadden twaalf kippen van bij ons gestolen. Die maakten ze klaar. Ze aten ze alleen op. Tijdens die vier dagen kregen wij niets te eten. Mijn kindje van achttien maanden huilde van de honger. Een man gaf het een stuk vlees. De kleine probeerde het te eten, maar het was te hard, het ging niet. Hij weende. De man gaf een malser stukje vlees en toen at hij alles op.
Op een avond rilde ik. Ik was helemaal naakt. Zij hadden een vuur. Een man zei dat ik dichter bij het vuur moest komen. Het had geregend en ik was nat. Ik heb mij gedroogd bij het vuur. Een man zei tegen mijn schoonmoeder: bedek haar met een doek.
De commandant nam mij op eender welk moment. Ik kon niet meer. Het hielp niet dat ik zei dat ik zwanger was en dat het veel meer was dan ik kon verdragen. Hij sloeg me en nam me...
Ik voelde mij helemaal uitgeput en liet me vallen. We naderden het ultimatum. Ze maakten hun messen klaar om ons te vermoorden.... en ze zeiden dat we allen gingen doodgaan. Eindelijk kwam de vrouw die weggestuurd was terug met die honderd dollar. Het was halfvier. Ze zeiden ons dat wij vrij waren en dat we mochten gaan.'

Epiloog

En Gij...
Gij...
Gij die zijt... zogezeid,
Gij die heerst...
Gij die genade zijt en barmhartigheid,
Gij in wiens palm onze naam prijkt,
Gij die de waarheid zijt en die ons ging verlossen,
Gij met al uw liefde,
mh...

Maar weent dan toch!
Weent dan toch tenminste met ons mee,
God.
Ge móet met ons wenen.

Ziet ons hier...
Ziet ons nu toch een keer hier...

Ik wou daar gaan waar Gij het minst van al gekend waart,
maar Ge toont U hier ook zo weinig.
Ik ben hier nu al een halve eeuw...
Zes oorlogen, zeven misschien, ze lopen in elkaar over...
Al die atrociteiten, al die miserie...

Ge moet U laten zien, hé. Af en toe een keer.
Ik kan het toch niet alleen doen zeker?
Ik kan het toch niet zonder U?
Waarom beproeft Gij mij zo?
Ik die U zó liefheb,
die met zoveel vuur over U vertel.

Ik smeek het u.
Zwijgt niet zo.
Weent toch tenminste met ons mee.
Toont dat Ge met ons mee weent.
Troost ons met Uw tranen.
Schenkt ons toch tenminste Uw snikken.

*

En waarom schreemde Gij nu?

*

Ja, 't is waar.
Gij schonkt ons veel meer dan Uw snikken,
't Is waar, 't is waar.
Gij schonkt ons Uw Zoon,
dat geitje.
En toen zij hem doodden,
kwamt Gij evenmin tussenbeide.
Net zoals hier.
Tussen de stenen en de keien bleeft Gij kijken
naar hoe het blaatte.
En later toen het zweeg,
waart Gij der nog steeds.

’t Is waar, God, wat vrage’k ik nu toch allemaal aan u?
Gij zijt hier heel der dagen, Gij zijt bij ons als wij bidden
en als wij zingen met onze armen in de lucht
als de vrouwen hier wiegen met hun ogen dicht.
Gij zijt dat water in dat meer dat glinstert.

Mijn geloof is zo zwak soms,
een wankel bootje op dat water.
Mh.

Vergeef mij mijn hovaardigheid.
Ik ben niet waard dat Gij mij aankijkt,
maar stuur mij, doe mij spreken.

Wat wilt Gij dat ik hun zeg?
Straks staan ze hier in de refter,
negentien mensen vol vuur.

Twaalf maanden zal ik met hen bidden,
twaalf maanden, als ik ’t haal.

Chers étudiants, c’est avec une joie immense
et avec un dur qui bondit de bonheur

Want ik ben zielsgelukkig dat ik U mocht dienen.
Ik tril van fiere dankbaarheid.

qu’aujourd’hui, nous nous retrouvons ici
au sein de notre communauté
dans un esprit de fraternité, de charité
et d’espoir

Gij hebt mij doen kiezen om te geven –
en ik heb zoveel meer teruggekregen.
't Is goed geweest, zó goed.
En heeltergans onverdiend.

au nom de toute la congrégation
avec la grâce du Seigneur
Dieu éternel et tout-puissant

Zoveel dat Gij mij hebt gegeven.
En straks mag ik U eindelijk aanschouwen!

au plus haut des cieux
dans les siècles des siècles

De dood zit mij op de hielen.
't Is niet erg.
Ik heb gezaaid.
Straks zal het kiemen.

je vous souhaite la bienvenue!

Nawoord

De theatermonoloog *Missie* bestaat voor meer dan tachtig procent uit getuigenissen van missionarissen die ik in België en Congo optekende in het voorjaar en de zomer van 2007. Ik had het voorrecht uitvoerig te mogen praten met pater Ghislain De Jaeger (Witte Pater, Varsenare), broeder Luc Vansina (kapucijn, Kinshasa), pater Xavier Reuls (jezuïet, Kikwit), pater Frans Rens (jezuïet, Kikwit), pater Leon De Visscher (oblaat, Kikwit), pater André Thijs (Witte Pater, Bukavu), pater Didier De Failly (jezuïet, Bukavu), pater Jean-Paul Steenackers (Witte Pater, Goma), zuster Bibiane Cattin (Witte Zuster, Goma), pater Jo De Neckere (Witte Pater, Lubumbashi), broeder Louis Aerden (franciscaan, Luena) en pater Baudouin Waterkeyn (Witte Pater, Lubumbashi). Ik heb hen veelal woordelijk weergegeven, de een al uitvoeriger dan de ander. Mijn hoofdpersonage is daardoor een hybride composietfiguur geworden die net zozeer de stempel draagt van de gesprekken met bovenstaande religieuzen als van mezelf.

Het relaas van de verkrachte vrouw is één van de vele duizenden gruwelverhalen die de Zwitserse zuster Bibiane Cattin aanhoorde in het Centre Olame te Bukavu, waar ze getraumatiseerde vrouwen opving en hielp. Zij schreef deze getuigenis neer in februari 2005 onder de titel *Cri d'alarme, cri de détresse* en mailde dit rond naar een aantal bekenden. De tekst werd nooit eerder gepubliceerd. Ik heb hem zonder wijzigingen naar het Nederlands vertaald. Tijdens de repetities werd ook gebruikgemaakt van video- en audio-opnames die de Duitse cineaste Susanne Babila in juni 2007 in en om Bukavu maakte voor *Im Schatten des Bösen*, haar indringende documentaire over verkrachting als oorlogswapen in de Kivu (Arte, november 2007).

Om de politieke situatie in Oost-Congo te begrijpen heb ik veel gehad aan Gérard Pruniers klassieker *The Rwanda Crisis: History of a Genocide* (Londen 1997), Olivier Lanottes *République démocratique du Congo: Guerres sans frontières* (Brussel 2003) en Thomas Turners *The Congo Wars: Conflict, Myth and Reality* (Londen 2007). Wat betreft een hedendaagse invulling van religieuze beleving en christelijke zingeving, vestigde dramaturg Ivo Kuyl mijn aandacht op Herwig Arts' glasheldere, en daardoor ongetwijfeld ook zo kwetsbare *Het verschijnsel religie* (Leuven 2000).

Walter Zinzen, Lieve Joris, Guy Poppe en Bart Castelein hielpen mij in mijn speurtocht naar boeiende missionarissen in Congo door terug te bladeren in hun oude adresboekjes. Tijdens mijn reis ontmoette ik tientallen en tientallen mensen, de steun van een aantal van hen was mij zeer dierbaar. Ik denk aan de Belgische consul in Kinshasa Benoît Standaert, Kris Berwouts, Carl De Keyzer, Adolphine Ngoy, Prince Muleyi, Susanne Babila, Gady Byabagabo, Gregory Salter, Jules Bizimana, Paul Kaboba, Samuel Turpin, Gisèle Kayembe, Rosalie Kalanga en Zizi Kabongo. Taylor Toeka uit Goma vertaalde het telefoongesprek uit deel 1 vanuit het Frans naar het typische Swahili van Oost-Congo.

De meeste dank ben ik echter verschuldigd aan die

onvermoeibare missionarissen voor de tijd, de openhartigheid en het vertrouwen waarmee ze mij, iemand aan de andere zijde van leeftijd en geloof, te woord hebben willen staan.

Brussel, oktober 2007